Richard Mayer

Das Buch der immergrünen Laubbäume und Sträucher

Richard Mayer

Das Buch der immergrünen Laubbäume und Sträucher

AVA
VERLAG ALLGÄU

AVA Verlag Allgäu GmbH
Postfach 3153, 87440 Kempten
http://www.ava-verlag.de

Herstellung: KKW-Druck, Kempten

ISBN: 3-924809-97-6

Inhalt

Vorwort

Charles Darwin (1809-1882). Nach seiner Reise mit der Beagle schreibt Darwin seine Erkenntnisse über den Ursprung der Arten nieder. Doch erst zwanzig Jahre später veröffentlicht er die Ergebnisse seiner Forschung.

Ein immerwährendes Vergnügen ist das Wandern durch Wald und Flur und die Betrachtung der Natur. Natürlich, auch kahle, wüstenhafte und öde Landschaften unter einer strahlenden Sonne haben ihre Schönheit, ebenso die Weite der Ozeane. Doch erst die belebte Natur, die Felsen, Berge und Ebenen überzieht, macht die Erde zur Heimat des Menschen.
Charles Darwin sagt: „Wer reist, sollte Botaniker sein, denn Pflanzen sind die größte Zierde jeder Landschaft".
Das Sehen allein ist noch nicht alles, wer die Pflanzen mit Namen ansprechen kann, tritt ein in einen ernsthaften Dialog mit der Natur.

Madeira-See im Silvrettagebiet, eine Welt an der Grenze zwischen der belebten und der unbelebten Natur. Das Blau des Himmels wird durch die Spiegelung verstärkt.

Die Erde vom Mond aus gesehen. Auf dem Mond gibt es Berge, Täler und Ebenen. Aber das Fehlen von Wasser macht jedes Leben unmöglich.

Dietfurt im Altmühltal. Nicht die Altmühl, sondern die Urdonau hat sich das Tal durch den Jura gegraben. Doch erst die Pflanzenwelt, die die Berge und die Täler überzieht, macht die Erde zur Heimat.

Gelbe Osterglocke, *Narcissus pseudonarcissus*: Die Narzissen erfreuten sich im 17. Jahrhundert besonderer Beliebtheit.

Für die stumme Natur hat der Mensch Worte und Begriffe geschaffen, sowie Ordnungen und Gesetzmäßigkeiten gefunden. Das Ganze nennen wir Botanik.

Mit einem Namen bedacht, treten die Pflanzen als Individuen aus dem grünen Allerlei hervor. Paul Gerhard, der Dichter des Barocks, schreibt:

„Die Bäume stehen voller Laub, das Erdreich decket seinen Staub mit einem grünen Kleide. Narzissus und die Tulipan, die ziehen sich viel schöner an als Salomonis Seide."

Bäume begleiten den Menschen durch sein ganzes Leben. Wenn wir die Wälder unserer Kindheit aufsuchen, erkennen wir: „Was klein ist, wird groß und was groß ist, wird klein". Was einst ein Hochwald war, ist jetzt eine Schonung und die Sämlinge von einst ragen nun baumhoch empor. Mit den sommergrünen Bäumen erleben wir den Wechsel der Jahreszeiten, das Werden und Vergehen. Dagegen

Sanddünen in der Libyschen Wüste. Auch die scheinbar leblose Wüste fasziniert durch ihre Einfachheit den Betrachter.

empfinden wir mit den Immergrünen die Sehnsucht nach Dauer und Beständigkeit.

Pflanzen sind auch unsere Gefährten in der Geschichte der Menschheit. Wer sie beschreibt, muss nicht nur Sammler, sondern auch Chronist sein. In Sagen, Mythen und Religionen spielen sie eine große Rolle und viele haben ihren festen Platz in der Symbolik. Pflanzen schreiben auch Geschichte. Denken wir nur an den Siegeszug der Kartoffel oder an die Verbreitung von Kaffee, Tee und Tabak.

Neben dem Text sind Bilder und Fotos wichtiger Teil des Buches. Es gilt die Regel, nur was man gut kennt, kann man richtig sehen und fotografieren. Deshalb entstehen die besten Bilder in der nächsten Umgebung oder in der zur Heimat gewordenen Ferne. Der Fotograf Andreas Feininger meinte: „Die Londoner fahren nach Paris und fotografieren Notre Dame und andere Sehenswürdigkeiten. Umgekehrt machen es die Pariser. Viel bessere Bilder würden entstehen, wenn die Londoner London fotografieren und die Pariser Paris.

Unser Auge sieht die Welt subjektiv. Auch wenn schlechtes Wetter ist, der Hintergrund nicht passt, die Nachbarschaft stört, erkennen wir die Schönheit einer Pflanze. Unser Gehirn, das die Sinneseindrücke verarbeitet, unterdrückt Störendes und ersetzt Fehlendes. Sogar in der Dämmerung, wenn wir Farben und Formen nur ahnen können, spüren und empfinden wir den Zauber einer Landschaft.

Die Linse der Kamera ist objektiv und unbestechlich. Bei einem gelungenen Bild sollte vieles stimmen. Zum Schluss ist ein gutes Foto immer mit etwas Glück verbunden. Viele Bilder sind dann der Vater eines guten.

Unschlagbar ist aber die Kamera im Detail. Wo sonst das Auge flüchtig darüber hinwegwandert, erkennt die Kamera Einzelheiten und vergrößert sie. Die Kamera kann Lupe, Mikroskop und Teleskop sein und uns so Einblicke in verborgene Strukturen liefern.

Fotos sind Momentaufnahmen. Sie dokumentieren einen vergangenen Augenblick und konservieren eine in Sekundenbruchteilen erstarrte Wirklichkeit für die Zukunft. Neben den Fotos stehen die Zeichnungen. Als Produkt von Auge, Kopf und Hand sind sie ein subjektiver Kommentar zur Welt um uns.

Tulpe, *Tulipa*: Die Freude an den Zwiebelgewächsen sowie Handel und Sammelleidenschaft führten zur „Tulpomanie".

Sommergrüne und wintergrüne Vegetation

Rosskastanienzweig, *Aesculus hippocastanum*: Gemeinsames Merkmal von Bäumen und Sträuchern sind die Knospen.

Bäume und Sträucher haben eine gemeinsame Eigenschaft. Jeder Jahrestrieb entspringt einer Knospe und endet in einer Knospe. Jede Knospe enthält „en miniature" einen neuen Trieb, entweder für einen Zweig, für ein Blatt oder für eine Blüte. Außerdem lagert bei den Baumartigen die Kambiumschicht der Rinde auf der Innenseite Holzzellen ab und vergrößert so Umfang und Festigkeit der Triebe. Diese Fähigkeiten ermöglichen es ihnen über Generationen hinweg größer und höher zu werden.

Eine Knospe unterscheidet sich beim Baum von allen anderen. Es ist dies die Knospe, die am weitesten von den Wurzeln entfernt ist, die letzte am Spross, die Endknospe. Diese Knospe bekommt am meisten Saft, sie dominiert und wächst am stärksten. So entsteht allmählich eine Hauptachse und der Baum differenziert sich in Stamm und Krone. Entfernt man den Gipfeltrieb, übernimmt der nächsttiefere die Funktion. Hingegen sind beim Strauch alle Knospen gleichberechtigt und so wächst er schon an der Basis mehrstämmig hoch.

Auch das Wurzelwerk ist nicht so kräftig und weit angelegt, so dass nach einiger Zeit die Lebenskraft nachlässt. Die Geschichten von tausendjährigen Rosenstöcken in romantischen Klosterinnenhöfen sind wohl erfunden.

Doch jeder, der aufmerksam durch Wald und Flur wandert, wird rasch feststellen, dass die Unterscheidung nach Baum und Strauch in vielen Fällen nicht ganz so einfach ist. Häufig gibt es Übergänge, denn

Wissenschaftlich formuliert ist der Boskopapfel nichts anderes als ein aus dem Fruchtknoten entstandenes, die Samen beherbergendes Gehäuse.

Rottriebiger Hartriegelbusch. Alle Triebe sind gleichberechtigt und streben ohne Rangunterschiede nach oben.

Esche, *Fraxinus excelsior*. Bei Bäumen dominiert die Endknospe. Das führt zu einer hierarchischen Gliederung nach Stamm, Ast und Zweig.

die Natur kümmert sich wenig darum, wie wir ihre vielfältigen Erscheinungsformen definieren. Was sich im Tal als eindrucksvolle Baumgestalt erhebt, wächst in den Hochlagen nahe der Baumgrenze als Zwergstrauch.
Laubbäume und Nadelbäume unterscheiden sich nicht nur durch die Blattorgane, sondern auch durch den Bau der Samenanlagen. Die Koniferen zählt man zu den nacktsamigen Pflanzen. Ihnen ist gemeinsam, dass ihre Samen unbedeckt auf den Samenschuppen liegen. Ihre Samenanlagen sind zapfenförmig konstruiert. Hingegen sind Laubbäume bedecktsamig. Bei ihnen ist der Samen umhüllt von einem Fruchtknoten, aus dem sich eine Frucht entwickelt. Streng genommen haben deshalb Nadelbäume gar keine Frucht.

Die Laubbäume sind Kinder der Tropen. Ihre Heimat ist der immergrüne Regenwald. Hier gibt es jahraus, jahrein ein gleichmäßiges Angebot an Wärme und Wasser. Als sie im Laufe der Erdgeschichte die äquatorfernen Gebiete eroberten, mussten sie sich an Jahresläufe anpassen, die durch Trocken- und Kältezeiten unterbrochen sind. Die meisten lösten dieses Problem durch Abwerfen der Blätter.

Scheinzypresse, *Chamaecyparis*. Bei den zypressenartigen Bäumen sind die Blätter zu Schuppen reduziert.

Oben: Laubbäume und Nadelbäume haben ein Dickenwachstum. An den Wachstumsringen lässt sich deshalb ihr Alter leicht feststellen.

Fichtenzapfen sind strenggenommen gar keine Frucht, denn ihnen fehlt das die Samen umhüllende Fruchtfleisch.

Der Höhepunkt für die sommergrünen Laubbäume ist der Herbst. Besonders der Ahorn erstrahlt dann in allen Farben und macht den Oktober zum farbenprächtigsten Monat.

Die Buchenhecke gibt dem Haus Form und Charakter. In der Wintersonne glüht das Laub golden auf.

Zapfen der Fichte, *Picea abies*. Im Spätsommer hängen die weinroten Samenstände an den Zweigen.

Buchenlaub, *Fagus silvatica*: Das dürre Laub an den Zweigen erfüllt auch im Winter eine Funktion. Es bremst die Kraft des Windes und schützt so vor allem die Jungbäume.

Vor dem Laubfall bauen die sommergrünen Laubbäume das Chlorophyll ab. Deshalb überlagert das Grün nicht mehr die im Blatt enthaltenen Pigmente, so dass die verschiedensten Farben hervortreten. Besonders die Ahornblätter erstrahlen dann in allen Farben und machen den Oktober zum farbenprächtigsten Monat.

Die sogenannten immergrünen Bäume lösten das Problem auf andere Weise. Sie gaben ihren Blättern eine feste und lederartige Struktur. Dabei gibt es immergrüne Bäume im strengen Sinne nicht. Auch sie werfen die Blätter ab, jedoch nicht auf einmal, sondern über das ganze Jahr verteilt. Entsprechend wachsen ihnen gleichmäßig neue Blätter während der Vegetationsperiode zu.

So hängen immer Blattorgane verschiedenen Alters an den Zweigen. In der Regel überstehen immergrüne Blätter mehr als einen oder zwei Winter. Die Blätter von Ilex, Efeu und Buchs werden etwa 25 bis 28 Monate alt.

Den echt immergrünen Laubgehölzen stehen jene gegenüber, deren Laub mehr oder weniger den Winter hindurch an den Zweigen haftet, so dass der Eindruck entsteht, sie wären immergrün. Sie stoßen es jedoch kurz vor dem Austrieb ab, wenn die neuen Blätter erscheinen. Hierzu gehören einige Ligusterarten, Berberitzen und eine Reihe von Eichen. Sinnvollerweise nennt man diese Pflanzen „wintergrün“.

Unter den Wintergrünen gibt es auch einige, deren Blätter im herbstlich gefärbten Zustand den Winter überdauern. Pflanzen dieser Arten verdienen das Attribut „winterbunt“. Zu den Winterbunten muss man auch unsere einheimischen Buchen und Eichen rechnen. Ihre robusten Blätter färben sich im Herbst rotbraun und bleiben noch lange an den Zweigen hängen, in geschützten Lagen und in milden Wintern bis zum Neuaustrieb. In der weißen Winterlandschaft bieten sie dann bei Sonne einen prächtigen Anblick. Deshalb eignet sich die Rotbuche auch vorzüglich als Hecke.

Eine strenge Trennung in die aufgeführten Kategorien ist nicht immer möglich. Immerhin schärft die Kenntnis dieser Dinge das Auge für die Vorgänge in der Natur. Mit Goethe kann jeder sagen: „Grau, teurer Freund, ist alle Theorie und grün des Lebens goldener Baum“.

Der Schwerpunkt des Buches liegt auf den immergrünen und wintergrünen Laubbäumen und Sträuchern, die in unserem mitteleuropäischen Klima gedeihen. Daneben sind auch einige „Grenzgänger“ Thema des Buches. Ihre Kultur bedarf besonderer Schutzmaßnahmen. Auf die Hartlaubvegetation des Mittelmeerraumes wird immer wieder Bezug genommen. Lorbeerbaum, Ölbaum und Orangenbaum sind nördlich der Alpen im Freiland nicht kultivierbar, doch spielen sie in der Geschichte und in der Wirtschaft eine erhebliche Rolle. Zum besseren Verständnis wird gelegentlich auf die sommergrünen Verwandten innerhalb der Pflanzenfamilien eingegangen.

Am Ende des Buches habe ich mir vor allem für die botanisch Interessierten noch einen Ausblick auf andere Klassen und Abteilungen des Pflanzenreiches erlaubt. Auch hier gibt es Vertreter, die, obwohl keine Gehölze, mehrjährig und immergrün sind, zum Beispiel die meterhohen Baumgräser oder die winzigen Moose.

Die Jahreszeiten

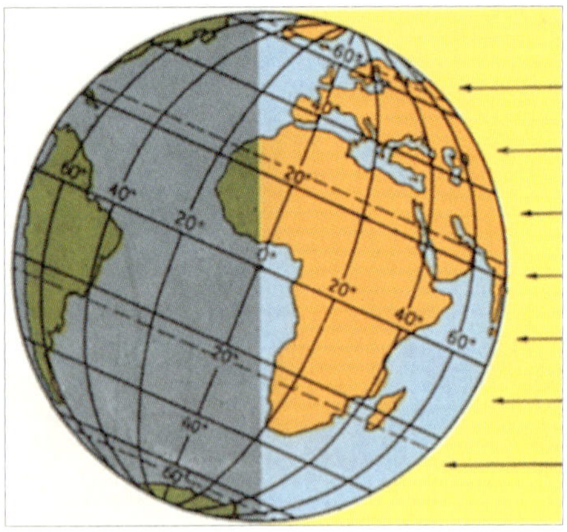

Die Ekliptik ist für die Jahreszeiten verantwortlich. Dadurch treffen die Sonnenstrahlen im Sommer steiler auf den Erdboden als im Winter.

Die Schiefstellung der Erdachse um 23 1/2 Grad bedingt, dass im Laufe eines Jahres einmal die nördliche Halbkugel der Sonne zugeneigt ist. Ein halbes Jahr später ist die südliche Erdhälfte der Sonne zugewandt. Dadurch entstehen in den äquatorfernen Gebieten die vier Jahreszeiten: Frühling, Sommer, Herbst und Winter.

Das bedeutet für die Pflanzen, dass sie auch lebensfeindliche Zeiten überdauern müssen. In den Subtropen ist es die lange sommerliche Trockenzeit, in den nördlichen Breiten die Winterzeit. Jedes Leben ist an das Vorhandensein von Wasser in flüssiger Form gebunden, denn die biochemischen Prozesse, die den Stoffwechsel begleiten, erfolgen nur in wässrigen Lösungen.

Um den Wassermangel zu verhindern entwickelten die immergrünen Pflanzen Blätter, die so beschaffen sind, dass sie nur wenig Wasser verdunsten, durch eine ledrige Haut, Verringerung der Blattoberfläche, durch kleinere Blätter, Versenkung der Spaltöffnungen in Gruben der Epidermis, sowie durch harzige und wachsige Überzüge, die den Blättern oft einen bläulichen Schimmer verleihen. Zusätzlich wird durch Eindickung des Zellsaftes der Gefrierpunkt tief herabgesetzt.

Am perfektesten ist den Koniferen die Anpassung an die winterliche Frostdürre gelungen. Was sich in der Kälte bewährt hat, hilft auch in den heißen, trockenen Sommern der Subtropen. Deshalb dominieren auch im Mittelmeerraum Pinien, Zypressen und Zedern als Teil der immer-

Illerstausee bei Krugzell. Nur Wasser in flüssiger Form ermöglicht die biochemischen Prozesse.

Beim Lederschneeball sind die Spaltöffnungen tief in der runzligen Blattoberfläche versenkt.

Die große Zeit der Immergrünen ist der Winter, wenn sie Kälte und Schnee trotzen.

Dann gilt das Lied: „O Tannenbaum, o Tannenbaum, wie grün sind deine Blätter!“

grünen Hartlaubvegetation.
Die Bäume mussten im Laufe der Evolution auch lernen, sich auf den jahreszeitlichen Rhythmus einzustellen. Einen Baum nennen wir „winterhart“, weil er gelernt hat, im richtigen Augenblick das Richtige zu tun und seine empfindlichen Wachstumsphasen nicht in eine Zeit zu legen, in der das Wetter gefährlich werden kann. Er hat sich gemerkt, wann es im Frühjahr Zeit ist, mit dem Wachstum zu beginnen und wann es im Herbst Zeit ist, sich auf den Winter vorzubereiten.
Bringt man einen Baum aus dem hohen Norden, beispielsweise eine sibirische Fichte, nach Deutschland und pflanzt sie ein, so gedeiht sie im Sommer gut, auch im Herbst bereitet sie sich gewissenhaft auf den Winter vor, selbstverständlich

Hingegen überstehen die Blätter der Lorbeerkirsche die Winterzeit durch eine spiegelglatte, fast wie lackierte Oberfläche.

Maurische Landschildkröte, *Testudo graeca*. Das Verhalten der Tiere im Herbst bestimmt die Überlebenschancen im Winter.

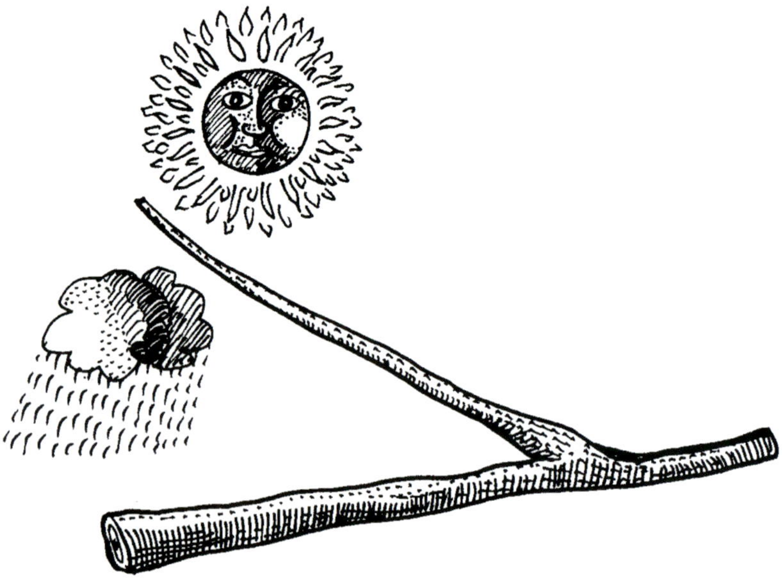

Die nach unten hängenden Blätter des Lederschneeballs, *Viburnum rhytidophyllum*, verraten die winterliche Jahreszeit.

Oben: Wetteranzeiger an einer Hauswand in Benediktbeuren. Stamm und Ast sind ein zuverlässiger Hygrometer.

übersteht sie auch die kalte Jahreszeit ohne Probleme. Doch im Frühjahr erleidet sie schwere Schäden. Schon ein, zwei warme Tage Ende Februar locken sie aus der Winterruhe. Sie fängt an zu treiben und wird von den Spätfrösten überrascht, denn es ist so, dass im hohen Norden der Sommer zwar spät kommt, aber wenn er kommt, kommt er ohne Rückfall.

Umgekehrt geht es einem Baum, den man aus dem tiefen Süden in den Norden bringt. Im Frühjahr wartet er geduldig bis das wärmere Wetter kommt, doch im Herbst wächst er zu lange weiter. Er kann nicht glauben, dass ein strenger Winter vor der Türe steht. So leidet er unvorbereitet schon unter den ersten Frösten im Oktober.

Ähnliche Parallelen gibt es im Winterschlafverhalten von Tieren. Hält man bei uns Landschildkröten aus Tunesien und Landschildkröten aus dem nördlichen Kroatien, so stellt man fest, dass letztere sich schon frühzeitig in das frostsichere Erdreich vergraben, während die afrikanischen Landschildkröten unvorbereitet den ersten Frösten entgegengehen. Es sind also nicht zuletzt Verhaltensweisen, die die Winterhärte bestimmen.

Nicht nur die Kälte, sondern auch der Schnee macht den Wintergrünen im Winter zu schaffen. Im dichten, großblättrigen Laub fangen sich die Schneeflocken, schließlich können Äste und Zweige unter der Last brechen. Deshalb haben Immergrüne meist kleine schmale Blätter.

Viele Immergrüne haben zusätzliche Methoden entwickelt, um der Gefahr des Schneebruchs zu entgehen. Deutlich lässt sich das am Lederschneeball, *Viburnum rhytidophyllum*, erkennen. Je kälter es wird, desto schlaffer hängen die glänzend grünen Blätter nach unten. Auch starker Schneefall kann nun nicht mehr schaden, denn der Schnee rutscht an den Blättern ab.

Diese Erscheinung kann man bei unseren

einheimischen Fichten besonders gut beobachten. Bei trockenem Wetter stehen ihre Äste steif vom Stamm ab, während bei feuchtem, schneeverdächtigen Wetter sich die Äste zum Stamm anlegen. Interessant ist, dass sich dieses Phänomen auch am toten Holz vollzieht. Deshalb lassen sich Astgabeln von Fichten, an einer Hauswand mit Skala angebracht, als Hygrometer und Wetterprophet benutzen.
Bevor noch die Regenfront eingetroffen ist, steigt die Luftfeuchtigkeit und der Seitenast bewegt sich zum Stamm hin. Man kann also eine kommende Wetterveränderung an der Bewegung des Astes voraussehen.
Für manche Immergrüne sind aber große Schneemengen vorteilhaft und notwendig. Gerade die Alpenrose unserer Gebirge verträgt die schneearmen Winter des Flachlandes nicht allzu gut. An ihrem Originalstandort in 1.800 m Höhe lässt sie sich einfach einschneien. Die biegsamen Äste brechen unter den meterhohen Schneemassen nicht. So geschützt übersteht sie die strengen, alpinen Winter.

In der kalten Jahreszeit senken und rollen sich die Rhododendronblätter. Dadurch geben sie den austrocknenden Winden weniger Angriffsfläche.

Julisommer im Gebirge, Kühtai in Österreich. Verpflanzt man die Alpenrosen, was laut Naturschutzbestimmungen verboten ist, ins Tal, so kümmern sie vor sich hin, denn sie vermissen im Winter den Schutz durch den Schnee.

Die Eiszeiten

Vor Beginn des Eiszeitalters im Tertiär war unser Klima beträchtlich wärmer. Eine größere Artenfülle als heutzutage herrschte in Europa. Während heute in Mitteleuropa Föhren, Fichten, Eichen und Buchen dominieren, gab es damals auch Bäume, die als nordamerikanisch, mediterran oder ostasiatisch gelten, zum Beispiel Magnolie, Weymouths-Kiefer, Mammutbaum, Flußzeder, Steineiche und Ginkgo. Dann trat eine Klimaverschlechterung ein.

Zwar sanken die Durchschnittstemperaturen anfangs nur um etwa fünf Grad Celsius. Aber dieser Unterschied reichte aus, um einen Prozess in Gang zu bringen, der weite Teile Europas unter Eis begrub. In den Hochlagen der Alpen und Skandinaviens fiel in den nun langen Wintern mehr Schnee, als in den kurzen Sommern abtauen konnte.

Es häufte sich also Jahr für Jahr mehr Schnee im Hochgebirge an. Erreichten diese Schneemassen eine gewisse Mächtigkeit, so rutschten sie als Gletscherströme dem natürlichen Gefälle folgend ins Flachland vor.

So lagen das Alpenvorland und weite Tei-

Moderne Siedlung in Grönland. Die „kleine" Eiszeit im 15. Jahrhundert führte zum Aussterben der mittelalterlichen Wikingersiedlungen.

Links oben: Als Tertiär bezeichnet man die Epoche vor dem Eiszeitalter. Damals wuchsen auch nördlich der Alpen Ginkgobäume, *Ginkgo biloba*.

Die wenigen Gletscher, die es heute noch in den Hochlagen gibt, ermöglichen den Skisport auch im Sommer.

le Nordeuropas unter einem mächtigen Eispanzer.
Es gab nicht nur eine, sondern mindestens vier Eiszeiten, nämlich Günz-, Mindel-, Riß- und Würmeiszeit. Die Wissenschaftler nannten sie nach vier Flüsschen im Alpenvorland, denn in deren Quellgebiet ließ sich das Wirken der Gletscher besonders deutlich studieren.
Der Ost-West-Verlauf der Alpen verschärfte die Wirkung der Eiszeiten. Wie ein Querriegel verhinderten sie, dass die Pflanzen nach Süden ausweichen konnten, demzufolge starben viele aus. Nördlich der Alpen und der Pyrenäen blieb nur Südfrankreich fast wie eine Arche vom Eiszeitalter verschont.
Man sollte meinen, hier hätten eigentlich alle empfindliche Pflanzen überleben können. Aber das Gebiet war zu klein. „Das Boot war zu voll!“ Die Konkurrenz zu stark, als dass dort alle Eiszeitflüchtlinge hätten Platz fassen können! Günstiger war die Situation in Nordamerika und Ostasien, da es dort keine Gebirge in Nord-West-Richtung gibt. Hier wichen die Pflanzen während der Eiszeit nach Süden aus und besiedelten anschließend wieder die alten Areale. Deshalb ist dort die Artenzahl in Flora und Fauna größer als bei uns. Wir werden sehen, dass viele Immergrüne aus unseren Gärten dort ihre Heimat haben.
Nur wenige Immergrüne haben ohne menschliches Zutun den Weg vom Mittelmeer nach Mitteleuropa gefunden, vermutlich nur Stechpalme, Buchs und Efeu.
Die letzte Eiszeit ging vor 10.000 Jahren zu Ende. Danach begann eine Zwischeneiszeit, in der es auch ein Auf und Ab der Klimakurve gab. Es gibt rhythmische

Illerdurchbruch von Kalden bei Altusried. Während der letzten Eiszeit nagte sich die Iller einen neuen Abfluss durch die Moränenberge.

Oben: Die Günz bei Ottobeuren, sie gab der ersten Eiszeit ihren Namen.

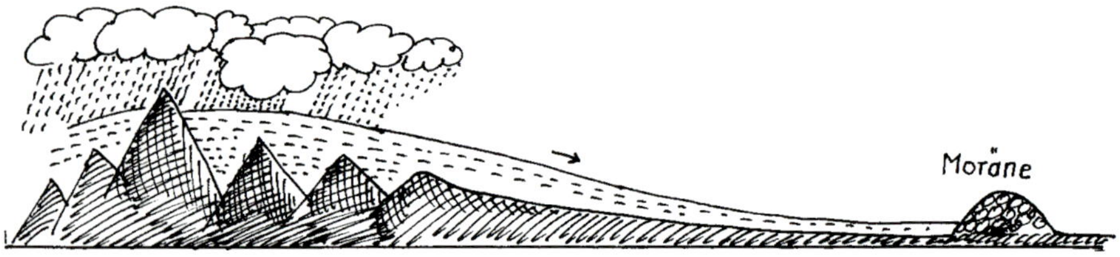

Prozesse, für deren Ursachen bislang meist nur Vermutungen bestehen. Eine deutliche wärmere Zeit als heute war das sogenannte Atlantikum vor 8.000 bis 4.000 Jahren, sie deckt sich mit der Jungsteinzeit und Bronzezeit. Damals waren weite Teile Europas noch von einem dichten Urwald bedeckt. Die Wälder speicherten die Wärme des Tages und verhinderten eine starke nächtliche Abkühlung. Nach dem Abholzen der Wälder zuerst im Mittelmeerraum und später auch im Norden konnten die Sonnenstrahlen zwar ungehindert das Erdreich erhitzen, doch nachts strahlten die freien Flächen die Wärme ab und kühlten stark aus. Insgesamt führte das zu einem Wärmedefizit.
Nach einem Wiederanstieg der Temperaturen im frühen Mittelalter kam es an deren Ende wieder zu einer „kleinen Eiszeit“, die bis in das 19. Jahrhundert andauerte. Eine ihrer Folgen war das Ende der Wikingersiedlungen in Grönland während des 15. Jahrhunderts.

Gegenwärtig steigen die Durchschnittstemperaturen wieder. Ursache ist diesmal vermutlich die Verbrennung des fossilen Kohlenstoffes. Dadurch erhöht sich der Kohlendioxidgehalt der Atmosphäre. Kohlendioxid lässt zwar kurzwelliges Licht ungebremst eindringen, wirkt aber auf die Wärmestrahlen im Infrarotbereich, die von der erwärmten Erde zurückkommen, wie eine Sperre.
Bei der Ausbreitung der Pflanzen spielt der Mensch heute eine wesentliche Rolle. Wer weiß noch, dass die meisten Kulturpflanzen aus den subtropischen Gebieten des Mittelmeerraumes, Asiens oder Amerikas stammen, zum Beispiel Pfirsich, Birne, Weinrebe, Aprikose, Walnuss, Süßkirschen, Esskastanie, Rosskastanie, Tomaten, Mais und so weiter. Allerdings können sie sich zumeist nicht selbst behaupten und brauchen wie viele immergrüne Laubgehölze eine Fürsorge durch den Menschen.

Oben: Ein Gletscher des Columbia Eisfeldes in den kanadischen Rocky Mountains. Die Schmelzwasser sind die Quellen des Athabaska-Rivers.

Unten: Wie ein Querriegel verhinderten die Alpen, dass in der Eiszeit sich die Pflanzen Mitteleuropas in den warmen Süden zurückziehen konnten.

Am Ende des Gletschers bilden sich Klüfte und Spalten. Man spricht vom Gletscherbruch.

Die Rocky Mountains und die Appalachen verlaufen von Süd nach Nord und machen den Kontinent offen für arktische und tropische Luftmassen.

Die Winterhärtezonen

Rechts: Europawetter an einem kalten Wintertag Mitte Februar. Ein Hoch erstreckt sich von Spanien bis ins Baltikum. Gleichzeitig schiebt sich ein Kaltluftkeil von Russland nach Mitteleuropa. Die Farbabstufungen zwischen Dunkelblau und Gelb symbolisieren die Temperaturen.

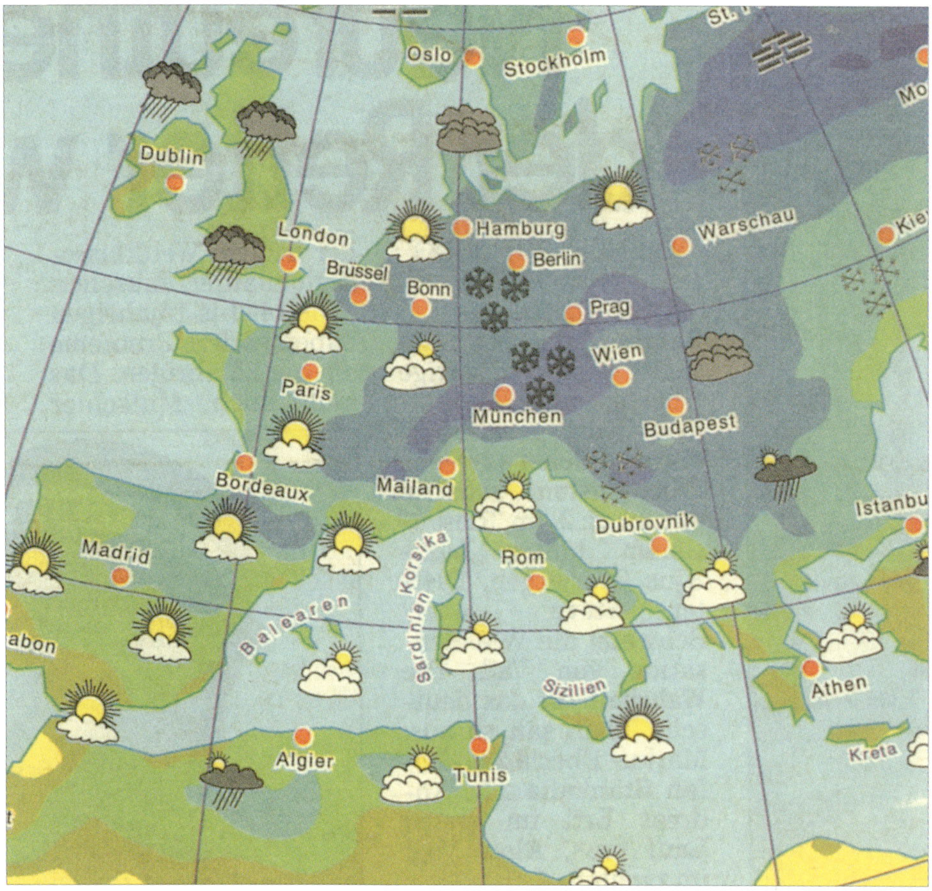

Was sind die Faktoren, die letztlich bestimmen, wo ein Baum wachsen kann. Sicher die Niederschläge sind wichtig, der Boden spielt eine Rolle, die Jahresmitteltemperaturen sagen viel aus. Sind es trocken-heiße oder feucht-milde Sommer? Doch schließlich bestimmen die absoluten Tiefsttemperaturen im Winter, ob ein Baum überlebt. Beobachtungen haben gezeigt, dass Myrten bei 4 Grad, Oleander bei 6 Grad, Lorbeer bei 12 Grad, Stechpalmen bei 20 Grad, Rhododendren bei 22 Grad, Bambusarten bei 24 Grad, Ebereschen bei 30 Grad und Weiden bei 40 Grad minus erfrieren oder Schädigungen aufweisen. Die Wissenschaftler haben deshalb die Erde in zehn geografische Winterhärtezonen eingeteilt.

Zone 1	unter -45 Grad
Zone 2	-45 Grad bis -36 Grad
Zone 3	-36 Grad bis -29 Grad
Zone 4	-29 Grad bis -24 Grad
Zone 5	-24 Grad bis -20 Grad
Zone 6	-20 Grad bis -15 Grad
Zone 7	-15 Grad bis -12 Grad
Zone 8	-12 Grad bis - 7 Grad
Zone 9	- 7 Grad bis - 1 Grad
Zone 10	- 1 Grad bis +5 Grad

Deutschland gehört zum größeren Teil der Zone 6 an. Zur Zone 7 gehören der Rhein mit seinen Nebenflüssen sowie Teile von Norddeutschland. Der Zone 8 sind die Küstengebiete Niedersachsens und Schleswig-Holsteins zuzuordnen. Hier ist

Bernkastel an der Mosel. Die tiefgelegenen Stromtäler sind Wärmeinseln. Die nach Süden geneigten Hügel machen den Weinanbau möglich.

Schema für die vertikalen Klima- und Vegetationszonen:

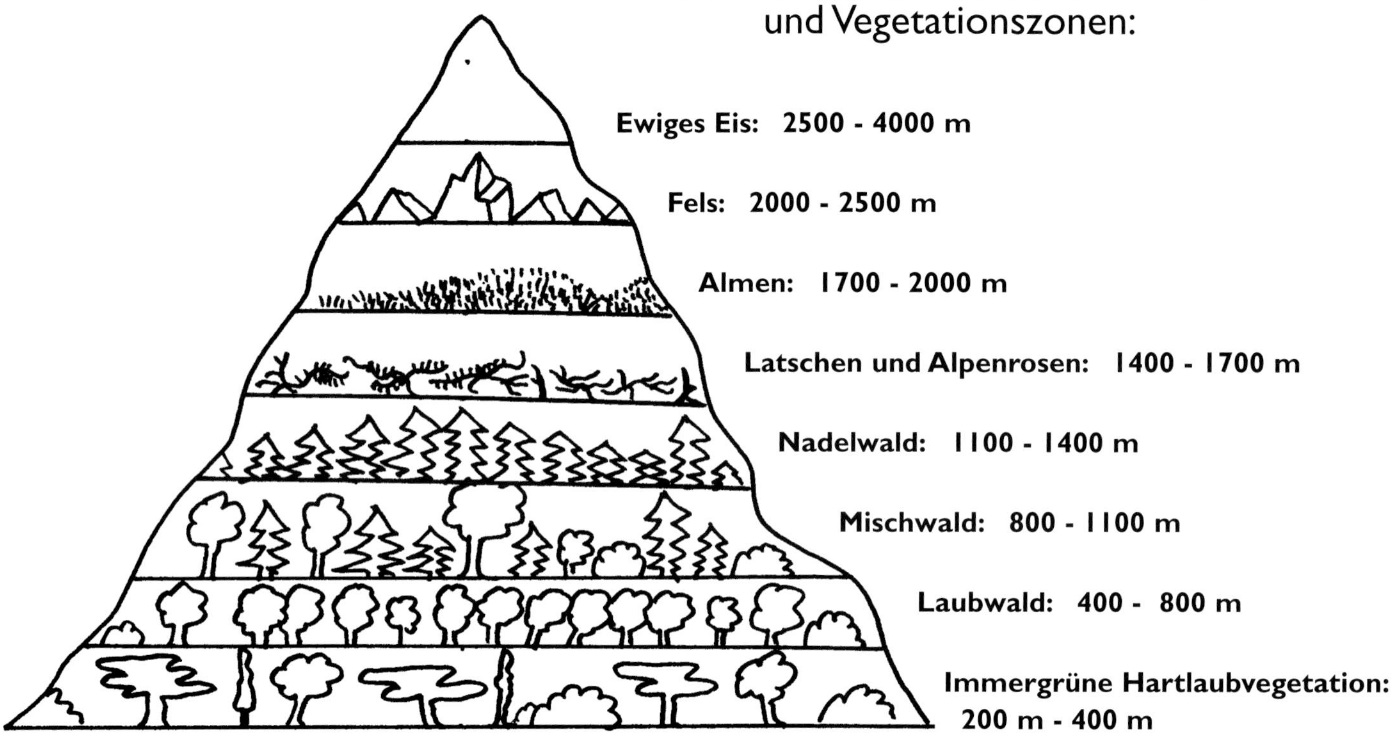

der Einfluss der Nordsee so stark, dass zehn Grad minus schon eine Seltenheit sind. England und Frankreich sind fast gänzlich Zone 8, die Küstengebiete sogar Zone 9. Fast immer frostfrei ist der Süden von Spanien, Italien und Griechenland (Zone 10).

Man sollte meinen, dass die Staffelung der Winterhärtezonen von Süden nach Norden geht. Dem ist aber nicht so. Es ist vor allem der Golfstrom, der von Westen kommend die Tiefsttemperaturen diktiert. Zum Beispiel trifft seine Wärme direkt auf Norwegen. Deshalb ist Bergen auf dem 60. Breitengrad um zwei Zonen günstiger als das viel südlicher gelegene München auf dem 48. Breitengrad.

Natürlich spielen lokale Faktoren noch eine ganz bedeutende Rolle, vor allem die Höhenlagen. Es gilt: 500 Meter höher, heißt im Winter zumeist auch fünf Grad kälter und bedeutet eine ganze Zone.

Der naive Beobachter könnte meinen, je höher, desto näher der Sonne, desto wärmer. Es ist aber so, dass die Sonnenstrahlen die Luft wohl durchdringen aber nicht erwärmen, erst wenn sie auf die Erde treffen, geben sie Wärme ab. Die Tiefebenen und Täler sind also wärmer als die Berge, die in die kühlen Luftschichten hineinragen.

Man merkt es selber im Winter. Der Frost allein sagt noch nichts über das Kältegefühl. Die Wirkung von Tiefsttemperaturen wird enorm verstärkt durch den Wind. Minus 2 Grad Celsius und dazu starker Wind ist für uns unangenehmer als minus 20 Grad. Den Pflanzen geht es nicht anders. Deshalb brauchen empfindliche Pflanzen einen durch Hecken, Zäune und Mauern geschützten Garten.

Städte sind im Vergleich zum freien Land um eine Zone besser gestellt. Die vielen Gebäude speichern tagsüber die Sonnenwärme und geben zusätzlich nachts noch Wärme durch Heizungen ab. Besonders bei ruhigem, kaltem Frostwetter liegt über unseren Großstädten eine Smogschicht, die wie ein Mantel extreme Tiefsttemperaturen verhindert. Auch der Schutz durch hohe Gebäude vor der Wintersonne ist vorteilhaft.

Wärmeinseln im Winter sind auch offene Wasserflächen. Breite Ströme im Tal und große Seen, wie zum Beispiel der Bodensee, dazu nach Süden geneigte Hangflächen ermöglichen den Weinbau. Die Nähe zum Wasser bedeutet auch viel Nebel in der kalten Jahreszeit. Die Nebeltröpfchen, die in der Luft schweben, garantieren Temperaturen um den Nullpunkt. Dagegen stellen sonnige Wintertage und klare Frostnächte viele Immergrüne vor Probleme.

Plinius der Jüngere, Besitzer von vier Villen rings um Rom, machte sich schon

Links: Lindau im Bodensee. Nur allerseltenst kommt es zum Jahrhundertereignis der „Gefrörnis“. Dann kann man zu Fuß über den See in die Schweiz wandern.

Oben: Hafen von Lindau mit dem alten Leuchtturm. Die große Wassermenge des „Schwäbischen Meeres“ ist ein gewaltiger Wärmespeicher.

Gedanken über die ideale Lage für ein Landhaus. „Es sollte nicht unten im Tal und nicht oben auf dem Berg, sondern in halber Höhe am Hang der Morgensonne zugewandt sein“.
Denn in den Tälern bilden sich oft Kaltluftseen, die Berge sind zu windig; die Morgensonne, die nach der Kühle der Nacht wärmt, ist pflanzenfreundlicher, als die heiße, vom Westen strahlende Nachmittagssonne.

Oben: Strand an der Insel Borkum. Die stürmische Nordsee garantiert für die Küstengebiete milde Wintertemperaturen. Eine Stufe ungünstiger ist die Ostsee, denn gelegentlich frieren ihre Buchten.

Rechts: Obwohl Norwegen im hohen Norden liegt, sind seine Winter in Küstennähe sehr gemäßigt, denn der Golfstrom hält jahraus, jahrein die Fjorde eisfrei.

Strand an der Adria bei Eraclea. Das Mittelmeer sorgt auch im Winter für milde Temperaturen.

Taxonomie der Pflanzen

Aristoteles (384-322), ein Schüler Platons, versuchte in seiner Naturgeschichte die Pflanzen nach Ähnlichkeiten zu gliedern.

Theophrastus (372 - 287) übernahm nach dem Tod von Aristoteles die Leitung der Akademie von Athen. Seine Forschungen hatten wesentlichen Einfluss auf die Botanik des 16. Jahrhunderts. In seinen Schriften teilt er die Pflanzen nach krautigen und holzigen Vertretern ein.

Aber erst Carl von Linné (1707-1778) fand ein überzeugendes System für die Einteilung der Natur. Er ist auch der Begründer des binären Systems, das heißt, jedem Lebewesen wird ein Gattungs- und ein Artname zugewiesen.

Schon Aristoteles versuchte in seiner Naturgeschichte die Welt der Pflanzen zu gliedern nach Ähnlichkeiten wie Größe, Festigkeit, Blättern, Nützlichkeit und Giftigkeit. Allerdings ohne Erfolg. Der richtige Schlüssel fehlte ihm hierzu. Besser machte es Linné (1707-1778). Er ordnete die Pflanzen nach Geschlechtsmerkmalen, wie sie beim Betrachten der Blüten sichtbar sind, also nach Form, Zahl und Stellung der Staubblätter, Blütenblätter, Stempel und Fruchtknoten. Damit wählte er intuitiv den richtigen Weg, denn die Blütenmerkmale sind stammesgeschichtlich sehr alt. Auch wenn viele Pflanzen sich den unterschiedlichsten Lebensräumen anpassten und ihr Aussehen änderten, so blieben sie doch bei der Vermehrung den alten Prinzipien treu.
Linné teilte jedem Lebewesen zwei lateinische Wörter zu, zuerst die Gattung, dann die Art. Sein System war so überzeugend, dass es sich bald weltweit durchsetzte.
Nach der Reformation erlebte die griechische Sprache eine Renaissance, denn man wollte die Evangelien in der Ursprache lesen. Viele Wissenschaftler gaben der griechischen Sprache den Vorzug vor dem römischen Latein, so dass in der botanischen Nomenklatur auch viele Wörter griechischen Ursprungs sind, wie zum Beispiel Rhododendron, Eucalyptus, Heterophylla, Hybride, usw.

Am Beispiel des Ovalblättrigen Ligusters, *Ligustrum ovalifolium* 'Aureum', sei erklärt, wie die Botaniker Ordnung in die Vielheit der Lebewesen bringen.

REICH: Pflanzenreich.
Natürlich gehört der Liguster zum Reich der Pflanzen.

ABTEILUNG: Bedecktsamige.
Beim Liguster sind die Samen von einem Fruchtblatt eingeschlossen.

KLASSE: Zweikeimblättrige.
Aus dem Ligustersamen wächst ein Pflänzchen mit zwei Keimblättern.

ORDNUNG: Ligusterpflanzen.
Die zweikeimblättrigen Pflanzen teilt man in 48 Ordnungen. Eine davon sind die Ligustrales.

FAMILIE: Ölbaumgewächse.
Der ähnliche Blütenbau vereint Ölbaum, Jasmin, Flieder, Liguster und Esche zu der Familie Oleaceae.

GATTUNG: Liguster.
Alle Vertreter dieser Gattung haben biegsame Zweige, schmale wintergrüne bis sommergrüne Blätter und schwach giftige, schwarze Beeren.

Albertus Magnus von Lauingen (1193-1280). In den Naturwissenschaften, besonders der Botanik, war er seiner Zeit weit voraus. Er stellte eine Klassifikation der Pflanzen auf und widerlegte durch eigene Versuche bisherige Erkenntnisse. Er lehrte an den Hochschulen von Paris und Köln.

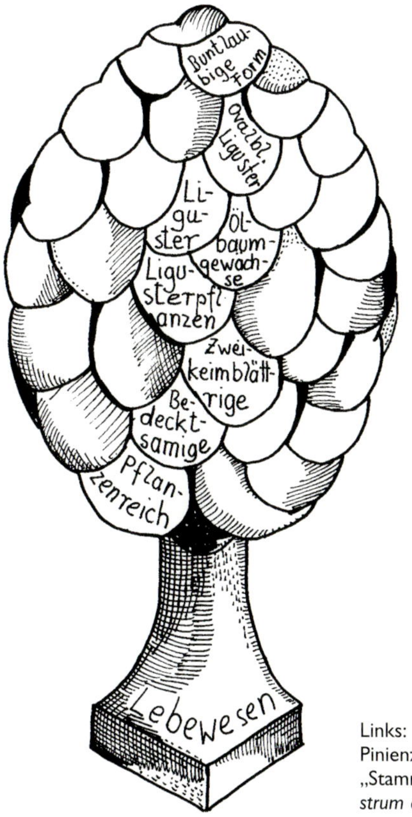

Links: Pinienzapfen als „Stammbaum“ für *Ligustrum ovalifolium* ‘Aurea’.

ART: Ovalblättriger Liguster.
Die kleinen, ovalen Blättchen sind typisch für *Ligustra ovalifolium.*

UNTERART: Aureum.
Durch Mangel an Blattgrün ist die Mitte der Blättchen goldgelb gefärbt.

Die Benennung der Unterarten, Varietäten, Rassen oder Sorten bleibt meist dem Ermessen der Gärtner und Züchter überlassen, deshalb sind hier auch Bezeichnungen in deutscher oder in einer anderen Sprache möglich.
Kreuzungen (Hybriden) werden mit einem Kreuz (x) gekennzeichnet. Zum Beispiel: Im 18. Jahrhundert gelang S. Turner eine Kreuzung aus der Stieleiche, *Quercus robur,* und der Steineiche, *Quercus ilex.* Es entstand eine wintergrüne Eiche, die den Namen *Quercus x turneri* trägt.

Der buntlaubige Ovalblättrige Liguster als Kugelbaum. Nur in milden Wintern behält er sein Laub bis zum Neuaustrieb.

Bei den Efeublättern sind die Blattadern besonders deutlich gekennzeichnet.

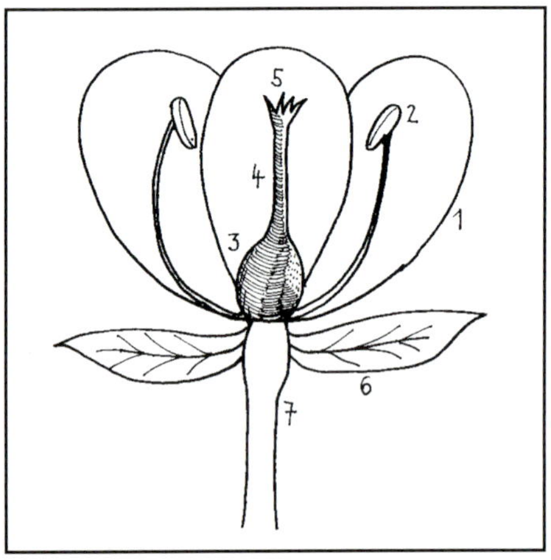

Bau der Blüte:
1 = Kronblätter
2 = Staubblätter
3 = Fruchtknoten
4 = Griffel
5 = Narbe
6 = Kelchblätter
7 = Blütenachse

Keimblätter und Blattnerven sind wichtige Hilfsmittel bei der Klassifikation. Zweikeimblättrige Pflanzen entwickeln netznervige Blätter, einkeimblättrige Pflanzen bilden parallelnervige Blattorgane.

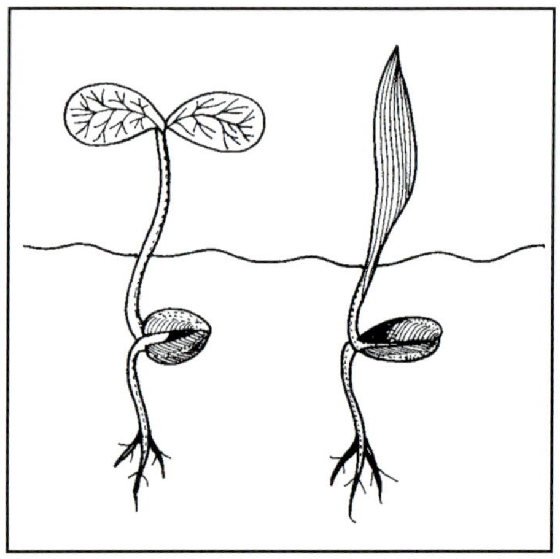

Bei den Keimlingen der Sonnenblume, *Helianthus annuus*, ist die Paarigkeit der Keimblätter auffällig sichtbar.

Bambusblatt, die Blattorgane bei den Einkeimblättrigen sind sich meist sehr ähnlich.

Nähren und Düngen

Ein Merkmal des Lebens ist der Stoffwechsel. Deshalb wird der Lebensrhythmus von Mensch und Tier wesentlich von der Nahrungsaufnahme bestimmt. Hauptbestandteile unserer Nahrung sind die Kohlenwasserstoffe. Mit dem Sauerstoff verbrennen sie im Körper und erzeugen die Energie für die Lebensvorgänge. Dabei gilt folgende Formel:

$C_6H_{12}O_6 + 6\,O_2 =$
$6\,CO_2 + 6\,H_2O$ + Energie

Zucker + Sauerstoff =
Kohlendioxid + Wasser + Energie

Bei den grünen Pflanzen läuft dieser Vorgang in umgekehrter Richtung ab. Mit Hilfe des Sonnenlichtes als Energiespender und dem Vorhandensein von Chlorophyll als Katalysator bauen sie aus Kohlendioxid und Wasser Kohlenwasserstoffe auf. Dabei wird Sauerstoff frei. Diesen Vorgang nennt man Photosynthese. Man kann also sagen: Pflanzen ernähren sich von Luft, Wasser und Licht. In diesem Sinne brauchen sie keine Nahrung, denn für Luft, Wasser und Licht sorgt das richtige Klima.

Und doch wissen wir, dass Pflanzen auf die Zufuhr von Mineralstoffen angewiesen sind. Mineralien brauchen die Pflanzen für den Aufbau der unterschiedlichsten Eiweißstoffe. Auf ihr Fehlen reagieren Pflanzen mit Mangelsymptomen und Wachstumsstörungen. Man unterscheidet Makronährstoffe und Mikronährstoffe. Erstere braucht die Pflanze in großen Mengen, letztere nur als sogenannte Spurenelemente.

Hauptnährstoffe: Stickstoff, Schwefel, Phosphor, Natrium, Kalium, Kalzium und Magnesium.

Spurenelemente: Eisen, Mangan, Kupfer, Zink, Bor, usw......

In den einzelnen Wachstumsphasen haben die Gehölze ein ganz spezifisches Nährstoffbedürfnis. Im Frühjahr steht mehr der Stickstoff im Vordergrund, zur Blüte- und Fruchtzeit mehr Phosphorsäure und Kali. Nach Lehrbuch wird so gedüngt.
Ende März werden je Quadratmeter 20 bis 40 Gramm eines stickstoffreichen Volldüngers gegeben. Mitte Mai werden 20 bis 40 Gamm eines phosphorsäurebetonten Volldüngers verabreicht. Anfang Juli erfolgt die dritte Nährsalzgabe in Höhe von 20 bis 40 Gramm eines kalireichen Nährsalzes.
Eine vierte schwache Düngung empfiehlt sich im Spätherbst. Da viele Immergrüne sauren Boden lieben, kombiniert man ihn mit einer Torfzugabe. Man streut am besten einen Ballen Torfmischdünger auf etwa 100 Quadratmeter. Die Frage ist natürlich erlaubt, warum auch in der Ruhezeit eine Düngung? Das Leben der Bakterien und Pilze sowie das Wurzelwachstum läuft auch im Winter ab, wenn auch auf Sparflamme. Ein so vorbereiteter Boden backt nicht zusammen, bleibt locker und bietet die besten Voraussetzungen für ein zügiges Wachstum im Frühjahr.
Naturgemäßer als anorganische Düngemittel sind organische Dünger wie Komposterde, Kuhmist, Vogelmist, Knochenmehl, Hornspäne, Blutmehl, Guano, usw.. Sie haben den großen Vorteil der Langzeitwirkung und machen sandige Böden bindiger. Grundsätzlich bleibt der Dünger oberflächlich liegen und wird nicht untergegraben.

Bei einem Feuer verbindet sich Brennstoff mit Sauerstoff. Auch Mensch und Tier gewinnen auf diese Weise Energie. Allerdings ist es dort eine sogenannte kalte Verbrennung.

Guanoinsel mit Pelikanen vor der Küste von Ecuador. In der regenlosen Wüstenzone bildeten sich im Verlauf von Jahrhunderten mächtige Schichten aus fossilem Vogelkot, dem sogenannten Guano.

Winterschutz von Gehölzen

Palmenhaus am Nymphenburger Schloss im Stil des 19. Jahrhunderts, eine Verbindung aus Klassik und Industriearchitektur

Immergrüne leiden im Winter vor allem an Wassermangel.
Wenn der Boden gefriert, können die Wurzeln nichts mit dem zu Eis gefrorenen Wasser anfangen. Dehalb gilt es, den Boden vor dem Durchfrieren zu schützen. Ideal ist es, wenn ausreichend Schnee den Boden bedeckt, er garantiert Frostfreiheit im Erdreich und die richtige Bodenfeuchte. Denn Schnee ist ein Konglomerat aus Eiskristallen und Luft und damit ein hervorragender Isolator. Fehlt der Schnee, muss der Gärtner den Boden abdecken. Als Mulchmaterial eignen sich Laub, Tannenreisig, Hobelspäne und Häckselgut von Zweigen und Stauden. Vertreter der Familie *Ericaceae* lieben besonders Kiefer- und Fichtennadeln, denn sie halten gleichzeitig den PH-Wert niedrig.

Falsch ist es, den Boden schon im September abzudecken, denn Gärungs- und Fäulnisprozesse können bei Wärme die Wurzeln ersticken und schädigen. Es reicht vollauf, wenn man Ende November das Deckmaterial aufbringt. Bei Wiedereintritt von mildem Wetter im Frühjahr ist es ratsam, die Mulchdecke zu lüften.

Die Erfahrungen zeigen, dass nach einem trockenen Herbst, der schlagartig von einem frostigen Winter abgelöst wird, die Schäden am größten sind. Deshalb werden die Immergrünen noch vor dem Verschließen des Bodens durch den Frost kräftig gewässert.
So sehr die Pflanzen im Sommer die Sonnenstrahlen schätzen, so empfindlich reagieren die Immergrünen darauf im Winter. Das ständige Einfrieren in der Nacht und das Auftauen am Tag strapaziert das Gewebe. Deshalb pflanzt man nach Möglichkeit so, dass sie sich gegenseitig beschatten oder im Schatten von Koniferen und Hauswänden stehen.

Gegen den Wind, der die Wirkung des Frostes verschärft, helfen Hecken, dichte Zäune und Schilfrohrwände. Das Einbinden und Umhüllen der Ziergehölze mit Stroh und Jutesäcken bringt mehr Nachteile als Vorteile. Die Pflanzen lieben auch im Winter das Licht und die Luft. Besonders verhängnisvoll sind gutgemeinte Schutzmaßnahmen mit durchsichtigen Folien. An sonnigen Wintertagen erzeugen sie scheinbar wohlige Wärme, doch in der kalten Winternacht ist ihr Schutz wirkungslos. Unter dem Wechselbad von heiß und kalt leiden die Pflanzen besonders.

Immergrüne sind beliebte Kübelpflanzen. Sie können auf ihre Weise die Wirkung eines Hauses oder Gartens unterstreichen. Ihre Künstlichkeit ist oft ein harmonischer Übergang zwischen Natur und Architektur. Man kann sie platzieren auf

Terrassen, an Hauseingängen, Treppen und Wegen.

Doch im Winter gibt es ein Problem. Wie bringt man die Kübelpflanzen über den

Helle und ungeheizte Treppenhäuser sind ideale Überwinterungsorte.

Kübelpflanzen sind im Sommer dankbare Pfleglinge. Die Überwinterung macht aber oft Probleme. Ab Mitte Oktober empfiehlt es sich, die Pflanzen näher ans Haus zu rücken.

Eingang zum Palmenhaus. Die Stilelemente der Klassik machen die Türe zu einem Portal.

Winter? Wenn die Mitte des Oktobers erreicht ist, rücke ich meine Pflanzen näher an das Haus heran. Sie stehen jetzt in Reih und Glied an der Südseite des Hauses dicht nebeneinander. Dort sind sie gut geschützt vor Wind und Regen. So bleiben sie an Ort und Stelle bis Anfang Dezember. Die nächtlichen Fröste werden durch die warme Hauswand gemildert und leichte Minusgrade halten sie gut aus.

Doch die nun richtigen Wintermonate Januar und Februar sind zu kalt. Auch einheimische Immergrüne, wie zum Beispiel der Buchs, überstehen den Winter als Kübelpflanze im Freiland nicht, sie müssen nun in einen Kaltraum. Hierfür eignet sich durchaus eine Garage, die am Haus angebaut ist. Bei ziemlich konstanten Temperaturen knapp über dem Gefrierpunkt kommen sie auch mit wenig Licht gut durch den Winter. Gut ist es, wenn ein helles, kühles Treppenhaus zur Verfügung steht. Hier kann man sogar den anspruchsvollen Orangenbaum überwintern.

Zur Not eignet sich auch ein kalter Kellerraum für die winterliche Herberge von besonders robusten Topfpflanzen. Hier ist wichtig, dass der Raum gut gelüftet ist und die Pflanzen eher trocken gehalten werden.

Eine andere Möglichkeit für Buchs und andere Kübelpflanzen, die sich sehr bewährt hat, ist folgende: Im Frühherbst wird die Pflanze samt dem Erdballen dem Kübel entnommen und an eine schattige, geschützte Stelle im Garten eingesetzt. Nach dem kräftigen Einwässern kann man sicher sein, dass die Pflanze ohne Schaden den Winter übersteht. Im April kommt die Pflanze wieder zurück in ihren Topf. Eine große Zusatzarbeit ist diese Art der Überwinterung nicht, denn ein jährlicher Gefäßwechsel ist ohnehin sinnvoll.

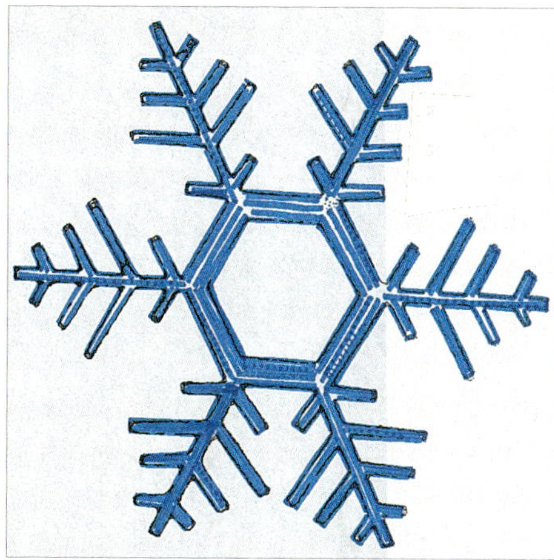

Kristalle sind nach strengen geometrischen Gesetzen aufgebaut. Beim Eiskristall ist es das regelmäßige Sechseck mit dem 60-Grad-Winkel, nach dessen Muster sich jeder Kristall bildet. Man sollte meinen, gleiches Material und gleiches Prinzip führen zu identischen Ergebnissen. Doch die Natur scheut die Uniformität. Kein Schneekristall gleicht dem anderen. Viele Kristalle bilden eine Schneeflocke. Die Luft zwischen den Kristallen macht den scheinbar kalten Schnee zu einem guten Isolator.

Der Spindelbaum

Euonymus fortunei 'Emerald'n Gold'. Normalerweise wächst er als winterfester Bodendecker oder Kletterstrauch. Das grün und maisgelb gefleckte Laub färbt sich im Winter zu rosa Tönen.

Die Spindelbäume gehören zu einer uralten Pflanzenfamilie, die im Tertiär in Europa, in Grönland, in Nord- und Südamerika weit verbreitet war. Sehr bekannt ist das bei uns einheimische, sommergrüne Pfaffenhütchen, *Euonymus europaeus,* mit den leuchtend rot gefärbten vierlappigen Samenkapseln. Sein feinporiges Holz eignete sich hervorragend für die Herstellung von Spindeln, daher der Name.

Ein immergrüner Zierstrauch ist der japanische Spindelbaum, *Euonymus japonica,* mit ausdauernden, lederartigen, glänzenden Blättern, die zwischen fünf und acht Zentimeter lang, an der Spitze abgerundet sind und am Rande eine leichte regelmäßige Lappung aufweisen. Von ihm gibt es zahlreiche bis drei Meter hohe Kulturformen mit goldscheckigen oder weißrandigen Blättern, die nicht freilandgeeignet sind.

Neben *Euonymus japonica* sind noch viele kleinblättrige Sorten bekannt, die unter der Sammelart *Euonymus fortunei* geführt werden. Sie bleiben freistehend recht niedrig, können aber mit Hilfe von Haftwurzeln an Mauern oder anderen Gehölzen zwei bis drei Meter hochklettern. Sie eignen sich für schattige wie für sonnige Lagen. Einen besonderen Schmuckwert erzielen sie im Winter, wenn sich bei einigen Sorten das Laub rosa bis dunkelpurpurrot verfärbt. Sie legen sich als wintergrünes oder winterbuntes Blattpolster über Felspartien, Mauern und Böschungen. Gut eignen sie sich zum Umspinnen von Baumstämmen und als Einfassungspflanze.

Euonymus fortunei 'Emerald'n Gold' wird von den Baumschulen auch als bis 1,5 Meter hohes Bäumchen angeboten. Es entsteht durch Aufpfropfen auf *Euonymus europaeus.*

Euonymus fortunei, eine Sorte mit spitzelliptischen Blättern, die in der Mitte grün und am Rande graugrünweiß marmoriert sind.

Euonymus japonica wird meist wie der Lorbeer als Kübelpflanze zur Dekoration von Eingängen und Treppen gehalten. Dann wird sie auch ihrem Namen euo - nymus (wohl - angesehen) gerecht. Leider wird aber ihr Geruch nicht von allen als angenehm empfunden.

Mittagspause im Botanischen Garten von Augsburg. Drei Besen lehnen an dem großen, immergrünen Spindelbusch, in der Mitte *Euonymus fortunei* 'Vegetus'.

An Mauern und Zäunen bildet *Euonymus fortunei* 'Vegetus' dichte Hecken. Die Triebe sind auffallend dick und brechen leicht. Die kerbig gesägten Blätter zeigen keine Herbstfärbung.

Euonymus fortunei, die sich an einem Kieferstamm hochrankt.

Auch die immergrünen Spindelbäume tragen als Frucht die typischen Pfaffenhütchen.

Die Aukube

Es gibt in Italien fast keinen dunklen Hof oder schattigen Garten, wo man nicht die Aukube, *Aucuba japonica,* sehen kann. Auch bei uns war sie früher sehr beliebt. Obwohl sie mit den Palmen nichts gemein hat, ist sie in Süddeutschland unter dem Namen Metzgerpalme bekannt, weil man sie gerne zum Dekorieren der Schaufenster verwendete.

Ihre Schönheit liegt in den ledrigen, glänzenden, ovallanzettförmigen Blättern. Sie sitzen gegenständig an den Zweigen, die viele Jahre lang eine grüne Oberfläche ohne Borke haben, auch da, wo die Blätter längst abgefallen sind. Die Grünfärbung der Zweige ist daraufhin zurückzuführen, dass die Oberhautschicht trotz Wachstum dauerhaft erhalten bleibt. Es unterbleibt also eine Korkbildung. Dieses Phänomen können wir auch bei der Mistel, dem Ginster und der Stechpalme beobachten.

Im Frühjahr entwickeln sich an den Zweigspitzen kleine, rötliche Blüten. Da sie zweihäusig verteilt sind, reifen die scharlachroten Beeren nur da, wo beide Geschlechter nahe genug beieinander stehen. Am häufigsten sieht man die Sorte 'Variegata' mit den gelb gesprenkelten Blättern. Sie trägt den klangvollen Namen Goldbaum. Doch es gibt auch reingrüne Sorten wie zum Beispiel 'Rozanie'.

Der Gattungsname *Aucuba* weist schon auf die Herkunft hin, stellt er doch eine Latinisierung des japanischen Namens „aokiba" dar. 1783 kam die erste Pflanze aus Japan zu uns. Ursprünglich hielt man die grüntriebige Aukube nur für Treibhäuser geeignet. Auch heute noch wird sie meist als Zimmerpflanze für kühle Räume angeboten. Doch durch Erfahrung weiß man, dass sie in geschützten Lagen auch unsere Winter überstehen kann. Bei starkem Frost hängen dann die Blätter senkrecht nach unten. Im Freien eingepflanzt erreicht sie eine Höhe von zwei Meter (Klimazone 7).

Aukube in einem verwilderten Garten an der Stadtmauer von Memmingen (650 m ü. d. M.).

In dunkle, schattige Innenhöfe bringt die Aukube Farbe und Helligkeit.

Oben: Die Sorte mit den gelb gesprenkelten Blättern sieht man am häufigsten. Schon 1783 wurde sie bei uns eingeführt, noch vor der reingrünen Nominatart.

Viel seltener als die buntblättrige Varietät sieht man die grüne Stammform.

Der Lavendel

Mitte: *Lavandula angustifolia* im Alpinum des Botanischen Gartens in München.

Im Namen ist das lateinische lavare (= waschen) enthalten, worauf schon Hieronymus Bock in seinem 1546 erschienenen „Kreutterbuch" hinweist. Er schreibt: „Lavendel hat seinen Namen à lavando vel lavacro, weil man ihn braucht, wenn man badet und das Haupt zwaget." Auch der alte Reim „Lavendel, Myrte, Thymian wächst in unserem Garten, unser Ännchen ist die Braut, kann nicht länger warten" weist auf seine Beliebtheit hin. Schon früh wurde der Lavendel wegen seines Geruchs angebaut. Man glaubte damit die Pest, die man als Gifthauch betrachtete, bekämpfen zu können.

Von Natur aus wächst der Lavendel wild in den felsigen Landschaften rings um das Mittelmeer. Zur Gewinnung des Öles wird er im Großen angebaut. Das berühmteste Anbaugebiet ist die Gegend um Grasse. Im Frühsommer verwandeln sich dort Äcker und Felder in ein violettes Blütenmeer.

Am meisten ist bei uns die winterharte, immergrüne *Lavandula angustifolia* verbreitet. Sie bilden einen bis Meter hohen buschigen Strauch mit nadelartigen Blättern, die von einem graugrünen Filz überzogen sind. Es gibt wohl keinen Strauch, der einen so silbrigen Glanz verbreitet, wie der Lavendel, so dass man auf ihn in einem Heide- oder Steingarten nur schwer verzichten kann. Dazu kommen die himmelblauen bis violetten Blütenkronen, die auf langen Scheinähren sitzen. Letztere bleiben auch nach dem Verblühen noch lange bis in den Winter hinein erhalten.

Oben: In einem Steingarten sind Lavendelsträucher unentbehrlich. Sie sorgen für den silbrig grauen Glanz

Um die Verdunstung gering zu halten, sind die Lavendelblätter zu Nadeln reduziert und graugrün filzig behaart.

Oben: Der Kleine Fuchs, *Aglais urtica*, labt sich an dem Nektar der Lippenblütler.

Die Rhododendren

Die Gattung *Rhododendron* umfasst etwa 1.000 Arten. Die große Masse ballt sich in den Gerbirgstälern Ostasiens und in den Mischwäldern der nordamerikanischen Mittelgebirge. Von Natur aus ist die Gattung sehr vielgestaltig. Zwanzig bis dreißig Meter hohen baumartigen Rhododendren stehen zwergige Gebirgsarten gegenüber, die dem Boden nachgehen und oft nur fünfzehn Zentimeter hoch werden.

In den europäischen Alpen finden wir zwei Vertreter: die „Behaarte Alpenrose“ und die „Rostblättrige Alpenrose“. Beide Arten sind dem extremen Klima in 1.500 - 2.000 Meter Höhe angepasst. Erstaunlicherweise vertragen sie aber, ins Tal verpflanzt, unsere Winter nicht allzu gut. Sie vermissen in unseren Gärten die dicke

Eindringlicher als im schönsten Garten erschließt sich die Schönheit der Alpenrosen dem Wanderer im Gebirge, wenn er die Pflanzen in ihrer natürlichen Umwelt erlebt.

Oben: Nach einem Regen brauchen die Rhododendronblüten ein, zwei Tage, bis sie wieder ihre volle Schönheit zeigen.

Mitte oben: Die Rauhblättrige Alpenrose, *Rhododendron hirsutum*, erkennt man an den mit Härchen besetzten Blatträndern.

Schneeschicht, die sie vor den Stürmen und der Wintersonne schützt.
Besser gedeihen bei uns die vielen Hybridsorten, die die Züchter aus den unterschiedlichsten Wildformen gezüchtet haben. Dem Rhododendronliebhaber fällt es leicht, seinem Hobby treu zu sein. Die Pracht ihrer Blüten ist kaum zu bändigen. Die Farben variieren vom reinsten Weiß bis zum Glühen tiefdunkler Sorten. Von Februar bis Mitte Juni beherrscht der reiche Blütenflor die Gartenwelt. Auch unterschiedliche Blattformen, Blattfarben, Behaarung, Knospen und Wuchsformen lassen keine Langeweile aufkommen.
Die Zahl der Sorten übertrifft die Wildarten inzwischen um das Zehnfache. Die Hybriden werden durch Stecklinge ver-

Oben: Die Blütenknospe eines Rhododendrons enthält bis zu zwanzig Blüten, die von Hüllblättern fest umschlossen sind.

Lichte Kieferwälder auf kalkfreien Böden sind der ideale Biotop für Rhododendren.

Oben: Gelbe Rhododendron-Hybride: Nicht nur die immergrünen Wildarten wurden kultiviert, sondern auch die Azaleen, letztere sind die sommergrünen Rhododendren. Aus der Kreuzung beider Stämme gibt es wiederum ein weites Feld an Zuchtformen.

Mitte unten: So wie durch einen Fingerabdruck ist jede Blüte durch das Muster der Saftmale gekennzeichnet.

Nach dem Neuaustrieb verfärben sich im Laufe des Sommers manche Blätter und fallen nach und nach ab.

mehrt, vermehrt man sie geschlechtlich über Samen, so zeigen die Nachkommen erwartungsgemäß Merkmale, die von denen der Mutterpflanze abweichen.

Der Platz für Rhododendren soll absonnig gewählt werden. Wie der heimatliche Standort zeigt, wachsen sie meist gesellig unter einem Laubdach. Der ungünstigste Platz ist die Südwand eines Hauses. Mit tiefwurzelnden Eichen und Kiefern vertragen sich die Flachwurzler am besten. Jährliches Aufbringen von Torfmull sorgt für Bodenfeuchtigkeit. Noch besser ist eine lebende Pflanzendecke aus Vorfrühlingsblüher und Stauden.

Alle Rhododendren meiden den Kalk. Wo kein natürlicher Rohhumusboden vorhanden ist, muss man ihn herstellen. Man nimmt dazu kalkfreien Waldhumus, Lauberde und Torfmull. Auch reichliche Gaben von kalkfreiem, stickstoffreichem Volldünger führt zu sauren Bodenwerten. Am besten gedeihen die Rosenbäume (rhodo = Rose, dendron = Baum) in alten Gärten. Bei Neubaugebieten empfiehlt es sich einige Jahre zu warten, bis der Regen die Böden so ausgewaschen hat, dass der PH-Wert tief genug ist.

Rhododendron Car. 'P. J. Mezitt' entfaltet seine Blüten schon im März. Die meisten Rhododendren blühen im April und im Mai, einige wenige auch im Sommer.

Nach der Blüte bleiben die Griffel der Rhododendronblüten wie Storchenschnäbel stehen. Manche Gärtner knipsen die verblühten Stände ab, um eine kräftezehrende Samenbildung zu verhindern.

Der Porst, *Ledum groenlandicum*, des borealen Florengebietes ist von seinem Typus her ein naher Verwandter des Rhododendron.

Die Lorbeerrose oder Kalmia

Links: Urseen im württembergischen Allgäu. Die Seen sind Überbleibsel der Eiszeit. Durch Verlandung verwandeln sie sich zu Mooren. Auf den torfigen Böden gedeihen die Heidekrautgewächse besonders gut.

Die Lorbeerrosen sind besonders schöne Ziersträucher. Mit ihren atraktiven endständigen Blüten stehen sie den Rhododendren in nichts nach. Dazu sind sie auch in unserem Klima völlig winterhart. Ihre Heimat sind die schattigen Bergwälder des östlichen Nordamerika. Bei uns sind sie schon seit 300 Jahren in Kultur. Die kleine Kalmia, *Kalmia angustifolia,* wird nur einen Meter hoch. Sie fühlt sich im Moorboden sehr wohl und breitet sich an sumpfigen Stellen durch Wurzelausläufer aus. Bekannt ist ein Vorkommen von *Kalmia angustifolia* im Warmbücher Moor östlich von Hannover, wo sie schon seit 150 Jahren eingebürgert ist, ohne dass man heute noch weiß, wie die Pflanze dorthin gekommen ist.

Größer wird *Kalmia latifolia* (Breitblättrige Lorbeerrose). In ihrer Heimat erreicht sie zehn Meter, bei uns höchstens drei Meter. Im Alter werden die Sträucher unten kahl. Dehalb pflanzt man sie am besten in Kombination mit Rhododendron, um die lichten Stellen zu verbergen. Von Mai bis Juni erscheinen die zartrosafarbenen Blütenstände. Die Einzelblüten sind dekorativ schüsselförmig. Die dunklen Staubgefäße kontrastieren gut mit der Blütenfarbe. Sie werden bis zum Stäuben in zehn spitzen Grübchen, die rings um den Blütengrund angeordnet sind, festgehalten.

Die Kombination von Blütenblättern und Staubgefäßen erinnert an japanische Schirme.

Oben: Aus den Blüten entwickeln sich braune, unscheinbare, fünflappige Kapseln.

Die zartrosafarbenen Blüten sind zu Doldentrauben zusammengefasst.

Der Erdbeerbaum

Die glockenförmigen Blüten, büschelweise angeordnet, weisen den Erdbeerbaum als Angehörigen der Familie *Ericaceae* aus.

Zu den drei am weitest verbreitetsten Pflanzen der Macchien des Mittelmeerraumes gehört neben Zistrose und Baumheide der Erdbeerbaum, *Arbutus*. Er wird für gewöhnlich ein bis drei Meter hoch. In Ausnahmefällen auch über sechs Meter. Die lorbeerähnlichen Blätter sind an den Rändern gesägt und im Jugendstadium kräftig behaart.
Die Blüten bilden Trauben und erinnern ein wenig an Maiglöckchen. Aus den essbaren, roten Früchten stellt man in Korsika einen Likör her, den sogenannten Erdbeerwein, sowie einen Schnaps, der magenstärkend wirken soll.
Während seiner Italienreise beobachtete Goethe, dass Blühen und Fruchten gleichzeitig stattfindet und schrieb im Versmaß: „Alles ist zugleich zu finden: Knospen, Blätter, Blüten, Frucht".

Im Weinbauklima wächst er auch im Freien. Ansonsten hält man ihn bei uns als Kübelpflanze, die im Kalthaus überwintert. Der Name *„Arbutus"* soll auf keltisch „ar" sauer, zusammenziehend und „butus" Busch zurückzuführen sein. In den Metamorphosen des Ovid wird in der Weltschöpfung auch der Erdbeerbaum erwähnt. Ovid stellt ihn in die Reihe jener Früchte, die von selbst ohne Zutun des Menschen wachsen und ihn doch nähren.

„Undienstbar und verschont von dem Karst und der schneidenden Pflugschar,
Nimmer verletzt gab alles von selbst die gesegnete Erde,
Und mit Speisen zufrieden, die zwanglos waren gewachsen,
Lasen sie des Erdbeerbaums Früchte auf sonniger Hald,
Oder an rauhem Gerank Brombeeren und rote Kornellen,
Und vom ästigen Baum des Jupiters fallende Eicheln."

Oben: Goethe, nach einem Bild von Tischbein, bewunderte den Erdbeerbaum, weil an ihm unabhängig von der Jahreszeit gleichzeitig Blüten und Früchte wachsen.

Mitte rechts: Nur optisch erinnern die Früchte an Erdbeeren. Beim Verzehr begeistert ihr Geschmack aber wenig. Mit Zucker werden sie manchmal zu Marmelade verarbeitet.

Charakteristisch für den Erdbeerbaum ist die rissige, orangerote Rinde, die in kleinen Fetzen abblättert.

Die Lavendelheiden

Die Lavendelheide, *Pieris,* bildet stattliche Büsche oder kann sogar zu kleinen Bäumen wachsen. Sie besitzt ein sehr zerrissenes Verbreitungsgebiet. Etwa acht Arten besiedeln Nordamerika, den Himalaya und Ostasien.

Solitär oder zu größeren Gruppen vereinigt füllen sie ihren Platz im Garten aus. Als Moorbeetpflanzen sind sie in einem kalkfreien Boden zu kultivieren. Sie lieben Torfmull, Laub- oder Heideerde. Halbschattige und etwas feuchte Lagen sind Voraussetzung ihrer Kultur.

Nur in harten Wintern verlangen die Sträucher etwas Schutz vor den harten Ost- und Nordwinden. In Ausnahmewinter ohne Schnee muss man für eine Bodendecke aus Laub- oder Nadelstreu sorgen.

Von den Pierisarten verdient die japanische Lavendelheide, *Pieris japonica,* bevorzugt verwendet zu werden. Sie wird in vielen Sorten angeboten. Der buschig wachsende Strauch wird ein bis zwei Meter, in Ausnahmefällen drei Meter hoch. Schon im Herbst kann man die vorgebildeten Blütenknospen erkennen. Zwischen März und April bilden sich viele kleine, glockenförmige Blütchen an bis zu fünfzehn Zentimeter langen Rispen. Früher führte die Japanische Lavendelheide den Namen *Andromeda japonica.*

Oben: *Pieris japonica*, bei dieser Sorte schieben sich nach der Blüte die neuen Triebe zuerst rot, später von rosa nach gelbgrün übergehend. Im Sommer sind die Blätter dann dunkelgrün glänzend.

Mitte: Bei den Lavendelheiden sind viele kleine, weiße Blüten an langen Stielen aufgereiht.

Mitte: Die Früchte von *Pieris japonica* sind unscheinbare, kugelförmige Kapseln.

Oben: *Pieris japonica* im Botanischen Garten München: Weil sie die gleichen Ansprüche an den Standort stellen, gedeihen im Rhododendronwald auch die Lavendelheiden.

Mitte: Die Schneeheide, *Erica carnea*, gab der ganzen Familie den Namen. Inmitten der Schneeheide erhebt sich eine Gebirgsprimel, *Primula auricula*.

Der Kirschlorbeer

Der Kirschlorbeer, *Prunus laurocerasus,* gehört nicht zu den Lorbeergewächsen, sondern er ist eng verwandt mit den Kirschen, so dass es korrekter ist, ihn als Lorbeerkirsche (= lorbeerartige Kirsche) zu bezeichnen.
Die rundlichen Früchte sind ungefähr so groß wie eine kleine Kirsche. Sie reifen von grün über rot nach schwarz. Im reifen Zustand sind sie recht wohlschmeckend. Doch man sollte sich vor ihnen in acht nehmen, denn sie sind wie die übrigen Bestandteile leicht giftig (1 Promille Blausäure). Dieselbe Vorsicht gilt bekanntlich auch für den übermäßigen Verzehr von Nüssen des mit dem Kirschlorbeer verwandten Mandelbaumes, *Prunus amygdabis.* Die Blüten der Lorbeerkirsche bilden längliche Trauben und verströmen wie die Blätter einen Duft, der dem der Bittermandeln ähnlich ist.
Die Gärten in der Poebene sind häufig durch Hecken ihrer Art geschützt. Freiwachsend kann man sie auch als Bäumchen wachsen lassen. Wild wächst die Lorbeerkirsche von Persien bis zum Schwarzen Meer. Die Möglichkeiten, sie als immergrünes Grundelement in Gärten mit kalkigem Boden einzusetzen, sind bisher kaum ausprobiert worden.
Erstmals finden wir sie 1558 in den Gärten von Genua und Pisa. Auch in der Klimazone 6 gedeiht die Lorbeerkirsche. Sie wird mittlerweile in vielen Sorten angeboten. Es gibt die wüchsigen, großblättrigen Sorten, wie z. B. 'Rotundifolia' und die kleinblättrigen, wie zum Beispiel 'Herbergii'.
Prumus laurocerasus ist wohl die robusteste immergrüne Pflanze. Sie wächst im Schatten und in der Sonne, sie erträgt Trockenheit und hält auch den Wurzeldruck großer Bäume aus.
Mit der Lorbeerkirsche verwandt ist die Portugiesische Kirsche, *Prunus lusitanica.* Sie ist ein hübscher, rundkroniger, immergrüner Baum, der zehn Meter Höhe erreicht. Ihre Blätter sind etwas kleiner und fein gezähnt, die ovalen Früchte reifen dunkelpurpurrot im Oktober (Klimazone 7).

Oben: Auf der Promenade von Friedrichshafen am Bodensee umrahmen Kirschlorbeerhecken streng geschnittene Platanen.

Links: Die Blüten bilden längliche, aufrecht stehende Trauben und verströmen einen Geruch, der dem der Bittermandel ähnlich ist.

Oben: Winterstimmung an der Uferpromenade von Friedrichshafen.

Unten: Etwa einen Monat nach dem Neuaustrieb verfärben sich die Vorjahresblätter und fallen nach und nach ab.

Rechts: Eine besonders wüchsige Sorte mit etwas hellgrüneren Blättern ist *Prunus laurocerasus* 'Rotundifolia'.

Die Blütenknospen kurz vor dem Aufbrechen.

Die dunkelgrünen Blätter von *Prunus laurocerasus* 'Herbergii' glänzen besonders im Winter wie lackiert.

Zwergmispel, Felsenmispel und Glanzmispel

Zur Familie der Rosengewächse gehören etwa 2.000 Arten. Es war deshalb ratsam, sie noch einmal in Unterfamilien aufzuteilen. Im Blütenbau sind sie zwar alle recht ähnlich, doch bei den Früchten kann man unterscheiden nach Steinobst, Kernobst und Hagenbutten. Mit dem Apfel, der Birne und der Eberesche gehören auch die Mispeln zu den Kernobstgewächsen.

Von der Gattung *Cotoneaster* gibt es etwa 50 Arten, die ihr Hauptverbreitungsgebiet im Himalaya und in den Gebirgen Südwestchinas, aber auch in Europa und Afrika haben. Fast alle haben einen Hang zum Immergrünen. In harten und schneearmen Wintern verlieren manche ihr Laub, treiben aber im Frühjahr wieder willig und unbeschadet aus.

Neben den flach horizontal wachsenden Zwergmispeln wachsen die Felsenmispeln drei bis vier Meter hoch. Es rentiert sich durchaus die hochwachsenden Sorten solitär in der Mitte des Rasens zu pflanzen. Man schaut dann bewundernd zu einer vier Meter hohen Buschgestalt empor.

Eine ganz besondere Zierde dieser Gattung ist der überaus reiche und lang haftende Fruchtbehang. Es ist gerade die Komplementärkombination von dunkelgrün glänzendem Laub und den leuchtend roten „Apfelfrüchten", die dieses Gehölz so attraktiv macht.

Ihre Hauptbedeutung liegt auch darin, robuste Bodenbedecker zu sein. In wenigen Jahren können die bizarren Triebe quadratmetergroße Flächen bedecken. Die niederliegenden Äste der Zwergmispeln sind jeder Belastung gewachsen. Hoher Schneefall und starke Winde können deshalb nur geringen Schaden verursachen. Das Wachstum und der Fruchtbehang ist auch von ausreichender Düngung abhängig. Für die Vogelwelt bieten die stark besetzte Fruchtzweige im Spätherbst reiche Nahrung.

Für geschützte Lagen empfiehlt sich besonders die Weidenblättrige Felsenmispel, *Cotoneaster salicifolius.* Sie besitzen immergrüne, schmale, unten filzig behaarte Blätter. Die Oberseite zeigt eine starke Runzligkeit, die durch eine vertieft liegende Nervatur bedingt ist. An den elegant überhängenden Seitenästen bilden sich reichliche, orangerote Früchte, die bis tief in den Winter hängen bleiben.

Dem deutschen Namen nach reiht sich an die Zwerg- und Felsenmispel die Glanzmispel, *Photina x fraseri.* Sie besitzt jedoch weit größere Blätter (bis zwölf Zentimeter) mit gesägtem Rand. Am schönsten ist sie im Frühsommer. Während das alte Laub noch grün an den Zweigen hängt, schieben sich die neuen Blätter leuchtend rot hervor, so dass der oberflächliche Beobachter meint, der Baum stehe unentwegt in Blüte. Erst allmählich verwandeln sich die roten Austriebe wieder in ein glänzendes, kupfriges Grün (Klimazone 7). Im Juni zeigen sich dann die Blüten in breiten Schirmrispen, aus denen sich dann die roten, einen halben Zentimeter dicken, kugeligen Früchte entwickeln.

Oben: Hauptschmuck der Zwergmispeln sind die leuchtend roten Apfelfrüchte. Je nach Sorte und Winterkälte zeigen sich die Blätter herbstlich verfärbt oder wintergrün.

Oben: Cotoneasterblüte. Die schalen- bis flach becherförmigen, weißen, manchmal auch rosafarbenen Blüten entstehen von Frühling bis Sommer.

Links: Eine echte Immergrüne ist die Weidenblättrige Felsenmispel, *Cotoneaster salicifolius.* Vor zu starker Verdunstung schützen sich die Blätter durch die vertieft liegende Nervatur.

Rechts: Wegen ihres glänzenden Blattwerks trägt *Photina x fraseri* ihren Namen zu Recht. Obwohl sie keine Steinfrüchte hat, ähnelt sie mehr dem Kirschlorbeer. Die leicht gezähnten Blätter treiben im Frühjahr kupferrot aus.

Der Feuerdorn

Rechts: Wer den Feuerdorn pflanzt, macht früher oder später Bekanntschaft mit seiner Wehrhaftigkeit.

Eigentlich ist der Feuerdorn die ideale Pflanze: Das ganze Jahr hindurch zeigt er die glänzenden, kleinen Blätter, dazu den überreichen Blütenschmuck aus trübweißen, dichten Dolden von Mai bis Juni; außerdem die roten Beeren, sie zählen zu den schönsten Zierfrüchten, die wir kennen, sie halten bis tief in den Winter hinein, sofern sie nicht die Amseln vorzeitig verspeisen.
Man kann ihn frei wachsen lassen als malerischen Strauch im Rasen oder ihn als undurchdringliche Hecke benützen.

Doch für diesen Verwandten unserer Rosen gilt erst recht das Sprichwort: Keine Rose ohne Dornen. Wegen seiner nadelscharfen Dornen gibt es unweigerlich Probleme, wenn man ihn in die Nähe von Terrassen oder Wegen pflanzt.
Die ursprüngliche Heimat des Feuerdorn ist das südliche Italien. Von der Art *Pyracantha coccinea* gibt es viele Gartenformen mit Früchten in verschiedenen Farbtönen von Scharlachrot über Orange bis Gelb.

Pyracantha coccinea 'Orange Glow'. Die Feuerdornbeeren sind kleine Apfelfrüchte. Im Winter nach der Fruchtreife sind sie eine beliebte Speise für die Vogelwelt.

Oben: Die gelb fruchtende Sorte *Pyracantha coccinea* 'Soleil d'Or'.

Rechts oben: Der Botaniker definiert die messerscharfen Dornen als zu wehrhaften Spitzen umgewandelte Blätter oder Triebe.

Zum Vergleich: Zweig einer Kletterrose mit Stacheln. Ihre Stacheln sind harte, stechende Auswüchse der Oberhaut. Unsere Rosen haben demnach trotz des Sprichwortes keine Dornen, sondern Stacheln.

Die Stranvaesia

Unten Mitte: Stranvaesia im Frühling. Neue, noch rötliche Triebe schieben sich hervor.

Rechts: Eine große Zahl von Sekundärnamen wie *davidiana*, *davidii*, *davidianus* oder *armandi* erinnern an die Erforschung der chinesischen Tier- und Pflanzenwelt durch den französischen Missionar Pater Armand David (1826-1900).

Die Früchte der Stranvaesia ähneln den Beeren der Ebereschen.

Ganz oben: Stranvaesiablätter mit Früchten, fotografiert Ende Oktober.

Die Stranvaesia, man sagt auch Lorbeermispel, besiedelt die Bergregionen im westlichen China. Bei uns wird vor allem *Stranvaesia davidiana* kultiviert. Der breitbuschig, aufrecht wachsende Strauch wird drei bis acht Meter hoch. Im Winter ergibt sich ein dekorativer Farbkontrast, weil die älteren Blätter sich rot färben, während die jungen Triebe grün bleiben. Die weißen Blüten erscheinen im Juni in flachen Dolden, daraus entwickeln sich vogelbeerähnliche, scharlachrote Apfelfrüchte, die sich den ganzen Winter über halten (Klimazone 7).

Die Art *Stranvaesia davidiana* wurde nach dem französischen Missionar und Naturforscher Armand David (1826-1900) benannt. Bekannter wurde David durch die Entdeckung einer großen, in Europa völlig unbekannten Hirschart. Im Freiland war diese Hirschart schon lange ausgestorben. Nur noch im kaiserlichen Park südlich von Peking wurde eine Herde gehalten. Eine hohe, 72 km lange Mauer umschloss den Park. David gelang es, einen Blick über die Mauer auf die merkwürdigen Tiere zu werfen. Die Chinesen nannten sie Sse - pu - hisiang, auf deutsch: Viere in einem, denn sie meinten, im Davidshirsch seien die Merkmale von Hirsch, Ren, Rind und Esel vereinigt.

Nach dieser Entdeckung erwarben mehrere Zoos in Europa Davidshirsche, *Elaphus davidianus,* zum Glück für die Art, denn bald waren die Tiere in China durch Flutkatastrophen und Kriegswirren ausgerottet.

Eine bedeutende Rolle spielt China als Herkunftsland vieler Pflanzen. Obwohl es als sagenhaftes Land im Osten schon seit der Antike bekannt war und man über die

Rechts: Bekannt wurde David vor allem durch die Entdeckung eines in Europa bis dahin völlig unbekannten Tieres, nämlich des „Davidhirsches".

Seidenstraße Porzellan bezog, dauerte es noch 300 Jahre nach Marco Polo, bis China unter dem Druck einer neugierigen westlichen Welt die ersten Kontakte erlaubte. Missionare und Kaufleute berichteten von einer Jahrtausende alten

Gartenkultur, von unbekannten Pflanzen und merkwürdigen Tieren.
Durch die starke Ähnlichkeit werden neuerdings *Photina und Stranvaesia* nicht mehr als verschiedene Gattungen, sondern nur noch als verschiedene Arten der Gattung *Photina* deklariert, statt *Stranvaesia davidiana* kann man deshalb auch sagen *Photina davidiana.*

Bergauf, bergab klettert und windet sich die Große Mauer über Berge und Täler. Sie ist ein Symbol der Abgeschlossenheit des Reiches der Mitte.

Winteraufnahme der Stranvaesia. Während die diesjährigen Blätter grün bleiben, verfärben sich die vorjährigen von grün zu orange bis rot.

Die Eichen

Alle Eichen haben die Neigung, ihr Laub so lange wie möglich zu behalten, man kann sagen, alle haben einen Hang zum Immergrünen. Ganz im Süden gibt es die echten Immergrünen, das heißt Eichen, die ihr Laub mindestens achtzehn Monate behalten. Dann gibt es Wintergrüne, das sind jene, die ihr grünes Laub erst kurz vor dem Neuaustrieb verlieren. Aber auch die nördlichen Eichen behalten zumeist ihr herbstlich braun gefärbtes Laub bis zum Frühjahr, so dass man sie als winterbraun bezeichnen kann.

Man erkennt die Eichen des Nordens an der typisch gelappten Form des ledrigen Blattes, immergrüne Eichen haben Blätter mit einem glatten oder gezähnten Rand. Typisch für alle Eichen ist die Frucht. Aus der Hülle des Fruchtknotens entwickelt sich der Fruchtbecher (Capula), der den unteren Teil der Eichel umgibt. In früherer Zeit wurden zur Herbstzeit die Schweine zur Eichelmast in den Wald getrieben, damit sie sich an den nahrhaften Samen fett fraßen.

In Deutschland gab es noch bis in das frühe Mittelalter große Eichenwälder. Der Baum war dem Gott Donar geweiht. Plätze unter den mächtigen Eichen waren auch Kult- und Richtstätten. Bekannt ist das Jahr 764. Damals fällte Bonifatius bei Kassel die Donareiche, das bedeutete auch, er legte die Axt an den alten heidnischen Götterglauben. Anschließend wurde ein Baumheiligtum nach dem anderen zerstört.

Der immer noch geläufige Spruch „Von den Eichen sollst zu weichen, doch die Buchen sollst du suchen" kann auf zweierlei Weise erklärt werden. Einmal die Warnung vor Blitzgefahr, ein anderes Mal aber auch die Warnung vor dem unbefugten Betreten der heiligen Stätten.

Die Beobachtung, dass Buchen weniger Spuren von Einschlägen durch Blitze zeigen, ist richtig. Falsch ist aber die Schluss-

Bei den Germanen war die Eiche dem Donnergott Donar, beziehungsweise Thor mit dem Hammer, geweiht.

Ganz oben: Eichelnüsse der Sommereiche, *Quercus robur*. Sie heißt auch Stieleiche, weil die Früchte an langen Stielen sitzen.

Links: Bildstock mit einem Zwillingseichenpaar, *Quercus robur*, an der Illerbrücke in Krugzell.

Das Symbol des Heiligen Bonifatius ist die vom Schwert durchbohrte Bibel. Sie erinnert an seinen Märtyrertod.

folgerung, dass Blitze die Buchen meiden. Vielmehr liegt es an der Rindenstruktur beider Bäume. Die rissige Borke der Eiche trägt bei einem Einschlag mehr Schäden davon als die glatte Rinde der Buche.

Auch in der griechisch römischen Welt war die Eiche dem Blitzeschleuderer Zeus, beziehungsweise Jupiter geweiht. Vergil sagt: „Magna Jovis antiquo robore quercus" (Die mächtige Eiche ist vergleichbar mit der Stärke des Jupiters). Zwar hat das Christentum das Heidentum ersetzt, aber die Verehrung der Eiche ist geblieben. Eichenblatt und Eichel finden sich heute noch in der Heraldik als Symbole von Kraft, Ruhm, Edelmut und Langlebigkeit. Würde man heute die Wälder wieder sich selbst überlassen und auf forstwirtschaftliche Eingriffe verzichten, so wäre bald wieder die Eiche dominant. Durch ihr festes Holz und ihr hohes Alter ist sie auf Dauer vielen Baumarten überlegen.

Die immergrüne Steineiche, *Quercus ilex*, ist die bekannteste Art im Süden. Dort wird sie bis zu 25 Meter hoch. Auch bei uns hält sie noch die Klimazone 7 gut aus, bleibt dann allerdings kleiner, nur ein strenger Winter kann sie ganz oder teilweise entlauben, doch auch das übersteht sie ohne Schaden. Die Blätter sind länglich, eiförmig bis lanzettlich. Auf letzteres nimmt die lateinische Artbezeichnung „ilex" Bezug. Die Blätter ähneln denen der Stechpalme, allerdings fehlt ihnen der Hochglanz.

Steineichen sind gute Schattenspender. Steineichenwälder sind so dicht, dass die Unterholzvegetation wegen des Lichtmangels nur schwach ausgebildet ist.

Seit 1800 ist eine Kreuzung aus der laubabwerfenden Stieleiche, *Quercus robur*, und der Steineiche, *Quercus ilex*, bekannt. Man bezeichnet sie als *Quercus x turneri*. Sie hat Eigenschaften von beiden Eltern

Braungefärbtes Blatt der Sommereiche.

Marmorstatue im Park von Nymphenburg. In der griechisch-römischen Welt waren Eiche und Adler dem Blitzschleuderer Zeus, beziehungsweise Jupiter, geweiht.

Quercus ilex, der Artname verweist auf eine Ähnlichkeit mit den Blättern der Stechpalme *Ilex*. Allerdings ganz so glänzend sind ihre Blätter nicht, außerdem sind die Rückseiten graugrün.

Lucombe-Eiche im Kurpark von Aulendorf.

Quercus x turneri am Eingang zum Rosengarten auf der Insel Mainau.

Derselbe Baum wie links, aber zehn Jahre früher.

Mitte oben: Blatt der japanischen Kaisereiche, *Quercus dentata*.

geerbt. Für Mitteleuropa ist sie eine der besten Immergrünen. In vierzig Jahren wächst sie etwa acht Meter hoch. Die Blätter sind etwa sieben bis zehn Zentimeter lang, stumpf, buchtig gezähnt, mattglänzend und ledrig. In Normalwintern bleiben sie bis zum Frühjahrsaustrieb am Baum. Die Bäume wirken dann wie grüne Lichtpunkte im Schnee.

Die heute meist gezogene Ziereiche ist die Lucombe-Eiche, *Quercus x hispanica* 'Lucombeana', eine 1762 entdeckte Zufallskreuzung zwischen der kraftvollen Zerreiche, *Quercus cerris,* und der immergrünen Korkeiche, *Quercus suber.* Mit Ausnahme der Korkrinde vereint sie die Vorzüge beider Elternteile, ein stattlicher Baum mit strahlenden, fast immergrünen Blättern (Klimazone 7).

Fünfzehn verschiedene Eichenarten zählt man in Europa. Es gibt nicht viele Menschen, die sie alle auseinanderhalten können. Man bestimmt sie, wenn man sie

Für die kleinen Münzen vom Pfennig bis zur Mark diente das Eichenlaub als Schmuck.

Eichelnuss der Lucombe-Eiche. Die igelartigen Fruchtbecher sind ein Erbe der Zerreiche.

Auch im Blattwerk vereint die wintergrüne Turner-Eiche die Vorzüge beider Eltern.

systematisch nach Region, gelappt oder ungelappt, glattrandig oder gezähnt und gebuchtet oder nach Rindenfarbe gliedert. Allerdings wird das Erkennen zusätzlich kompliziert durch Varietäten und Bastardierungen. Noch schwieriger wird es, wenn man die fünfundzwanzig Eichenarten Nordamerikas miteinbezieht.

Nur eine sei hier erwähnt, nämlich die Wassereiche, *Quercus nigra.* Sie besiedelt den Südosten der USA. Im Jugendstadium trägt sie gelappte Blätter, erwachsene Bäume ungelappte. In milden Wintern bleiben die grünen Blätter bis zum April am Baum.

Blätter der Wintereiche, *Quercus petraea.* Man nennt sie auch Traubeneiche, weil ihre Früchte büschelweise wachsen.

Lucombe-Eiche im Palmengarten von Frankfurt. In dem milden Stadtklima wachsen die immergrünen Eichen zu stattlichen Bäumen heran.

Die Weiße Mistel

Eichenallee mit Misteln im Park von Nymphenburg. In weiter Ferne schneiden sich die Fluchtlinien.

Die Weiße Mistel, *Viscum album,* ist ein kleiner, immergrüner, kugelförmiger Strauch, der auf anderen Bäumen gedeiht. Die außergewöhnliche Lebensweise hat seit jeher die Aufmerksamkeit auf ihn gerichtet. Ihre Zweige sind gabelig verzweigt und tragen längliche gelbgrüne Blätter. Im Sommer sind sie im Laub der Bäume gut versteckt, doch im Winter fallen die Gebilde, wie Hexenbesen oder Rabennester aussehend, im kahlen Geäst stark auf. Man nennt sie Halbschmarotzer, denn sie stehlen ihrer Wirtspflanze nur Wasser und die darin gelösten Mineralien. Mit Hilfe des eigenen Blattgrüns und des Sonnenlichtes assimilieren sie dann selbständig.

Die Mistel ist zweihäusig. Es gibt also weibliche und männliche Pflanzen. Aus den weiblichen Blüten entwickeln sich eigenartige Beeren, die von einer weißen, klebrigen, fädigen Substanz umgeben sind. Amseln und besonders Misteldrosseln fressen sie gerne und tragen so zur Vermehrung bei. Beim Säubern des Schnabels leimen sie nämlich die Samen an den Ästen an. Auch wenn sie die unverdaulichen Samen ausscheiden, können sie wieder mit dem Kot auf der Rinde landen.
Der klebrige Same rutscht an der der Sonne abgewandten Seite nach unten und sendet Würzelchen aus, die in die saftführenden Schichten des Holzes eindringen. Wirtspflanze und Parasit sind dann wie durch eine Pfropfung miteinander verbunden. Für ihren Träger wird sie aber bei Laubbäumen nur dann schädlich, wenn sie zu üppig wird.

Von der Weißen Mistel gibt es einige Unterarten, die sich auf verschiedene Bäume spezialisiert haben. Die häufige „Apfelmistel“ bevorzugt Rosengewächse, Pappeln, Erlen, Weiden, Eichen und Robinien. Die „Weißtannenmistel“, gedeiht, wie der Name schon sagt, aus-

Wie aufgepropft sitzt der Halbschmarotzer auf seiner Wirtspflanze, einem Apfelbaum.

schließlich auf Weißtannen und die „Österreichische Mistel" wächst auf Kiefern, Fichten und Wacholdern. Im Altmühltal an den Hängen des Juras konnte ich einen Föhrenbestand betrachten. Fast glaubte ich feststellen zu können, dass Föhren, die von Mistel besetzt waren, schütterer und lichter wuchsen als die mistelfreien.

Es ist durchaus möglich, daß die Österreichische Mistel Stoffe absondert, die das Wachsen der Nadelbäume hemmt. Ein anderer Erklärungsversuch: Gesunde Kiefern wehren sich erfolgreich gegen die Mistel und nur geschwächte lassen ihr Wachsen zu.

Robinien mit Mistelnestern im Botanischen Garten

In der Volksmedizin hat die geheimnisvolle Mistel seit jeher eine große Bedeutung. Extrakte aus ihr, die eine komplizierte chemische Bedeutung aufweisen, werden heute noch eingesetzt gegen Bluthochdruck und Tumore.

Wegen der Klebrigkeit der Beeren stellten schon die Römer daraus einen Leim her, den sie Viscum nannten. Viscum wurde als Vogelleim verwendet und bedeutete für viele Vögel das Ende der Freiheit. Die Vogelfängerei war früher auch nördlich

Rechts oben: Die Frucht der Mistel sind eigenartige, weiße, klebrige Beeren.

Misteldrossel: Bei ihrer Verbreitung sind die Misteln auf die Vogelwelt angewiesen.

der Alpen ein beliebter Zeitvertreib. Wer kennt nicht das Gedicht: „Herr Heinrich sitzt am Vogelherd".

Eine besondere zauberische Gewalt schrieben die Kelten der Mistel zu. Die Druiden Galliens betrachteten die Mistel, die auf den heiligen Eichen wuchsen, als ein Geschenk des Himmels. Am sechsten Tag nach dem Neumond schnitten sie, ganz in Weiß gekleidet, die Mistel mit goldenen Messern und fingen sie mit einem schwarzen Mantel auf, damit sie nicht mit der unheiligen Erde in Berührung komme. Heute noch ist es Brauch in Ländern mit keltischer Tradition sich an Weihnachten mit Mistelzweigen zu beschenken.

Die Römer glaubten, dass Aeneas mit der

Germanische Bronzefigur des Lichtgottes Baldur aus Skandinavien.

Das kräftige Grün der Blätter ist ein starkes Symbol für das Leben auch im Winter. In Märchen und Sagen spielt die Mistel, die nicht auf der Erde wächst, eine geheimnisvolle Rolle.

Eine Unterart der Weißen Mistel ist die Österreichische Mistel, sie wächst hier auf einer Föhre an den Hängen des Juras.

Zauberrute, einem Gabelzweig aus einer Mistel, den Zugang zur Unterwelt öffnet. In der germanischen Mythologie spielt die Mistel eine verhängnisvolle Rolle. Dem Göttervater Odin war der Tod seines Lieblingssohnes Baldur weisgesagt worden. Deshalb ließ Baldurs Mutter Freia alle Wesen „auf der Erde" schwören ihm kein Leid anzutun. Nachdem der gute Baldur auf diese Weise unverwundbar geworden war, pflegte er die Götter damit zu unterhalten, dass er sie mit Pfeilen nach ihm schießen, mit Schwertern nach ihm schlagen und mit Steinen nach ihm werfen ließ, weil er wusste, dass ihn nichts verwunden konnte.
Es gab jedoch ein Wesen, dem Freia keinen Eid abverlangt hatte, ein Wesen, das nicht „auf der Erde" wuchs, sondern auf der Eiche. Freia hatte die Mistel für zu kraftlos gehalten, um Unglück zu stiften. Doch der heimtückische Loki verleitete den blinden und naiven Hördur, auf Baldur mit einem Mistelpfeil zu schießen. Baldur starb, tödlich getroffen, und wird nicht eher zurückkommen, bis neue Götter und eine neue Weltordnung entstehen werden.
So zeigt sich in der spätgermanischen Vorstellungswelt eine pessimistische Zukunftsahnung. Der Siegeszug des Christengottes ist nicht aufzuhalten. Die Götterdämmerung ist eingeleitet.

Streuobstwiesen mit alten Apfelbäumen sind ein wertvoller Biotop für Tiere und Pflanzen, darunter auch der Mistel.

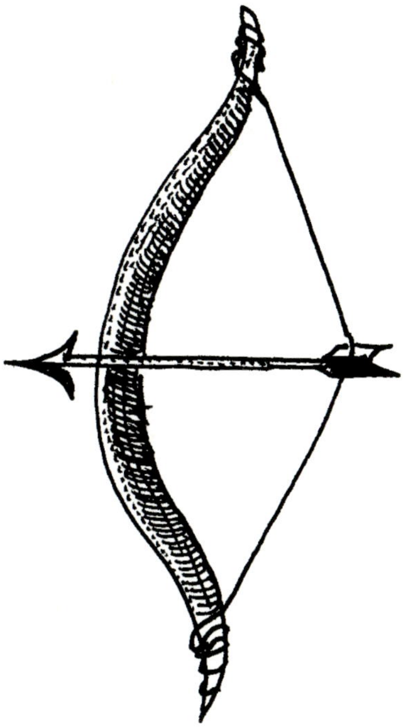

Die Großblütige Magnolie

Die Magnolien gehören einer uralten Pflanzenfamilie an, deren Entwicklungsbeginn schon 100 Millionen Jahre zurückliegt. Sie stehen am Anfang der Entwicklung der Bedecktsamer und wir können sogar sagen, dass sie den Vorfahren unserer Blütenpflanzen wohl am ähnlichsten sind. Neben vielen anderen „primitiven" Merkmalen, wie zum Beispiel den zapfenförmigen Fruchtständen, zeigt sich die Ursprünglichkeit in erster Linie in der Organisation der Blüten. Sie sind spiralig aufgebaut, was auf die Sprossnatur hinweist. Darüber hinaus sind die Blütenblätter nie miteinander verwachsen und in ihrer Zahl variabel.

Obwohl sie die Anfänger in der Entwicklungsgeschichte der Blütenpflanzen sind, gehören sie zu den spektakulärsten Blütensträucher, die schon den englischen Botaniker Plukenett, der sie im 18. Jahrhundert entdeckte, sehr beeindruckte. Er nannte sie die schönsten Bäume der Welt. Zu Ehren von Pierre Magnol, der in der Botanik den Begriff der Pflanzenfamilie einführte, wurde sie Magnolie genannt. Die ersten Exemplare hielt man in Europa wegen der vermuteten Zerbrechlichkeit der Blüten in Gewächshäusern, doch erst als man sie ins Freie pflanzte, blühten sie.

Vor den Eiszeiten waren die Magnolien auch in den mitteleuropäischen Wäldern vertreten. Heute wachsen sie wild im

Die immergrüne Magnolie blüht bis in den Spätherbst hinein. Als subtropische Pflanze rechnet sie mit keinem strengen Winter.

Ganz oben: In der großen Knospe sind Blätter und Blüten für das nächste Jahr vorbereitet.

Pinienzapfen, Zirbelnuss, Knospen oder Artischocken in Stein gemeißelt sind ein häufig schmückendes Motiv auf Säulen und Pfeilern.

Südosten der USA, in China und in Japan. Der Großteil ist laubabwerfend. Es gibt aber auch eine besonders attraktive immergrüne Art.

In den Wäldern des amerikanischen Südostens wird die Großblütige Magnolie, *Magnolia grandiflora,* etwa dreißig Meter hoch und trägt regelmäßig auf jedem Trieb von Juni bis Oktober eine schwere, cremefarbene Blüte zu den glänzend grünen Blättern. Jede Blüte hat sechs bis zwölf, fast wie Porzellan aussehende Kronblätter, die bei Druck leicht schwarz werden. Sie strömen einen starken Duft aus. Wenn die Kronblätter und zahlreichen Staubgefäße abgefallen sind, reift die Frucht und nimmt das Aussehen eines Zapfens an, der aus bohnenartigen Früchten besteht. Jede enthält einen Samen, der von einem scharlachroten Fruchtfleisch überzogen ist.

In Deutschland wächst *Magnolia grandiflora* nur an wenigen ausgesuchten Standpunkten. Im Weinbauklima und auch in Norddeutschland gibt es einige Exemplare (Klimazone 9). Sie verträgt auch Stadtluft. Ähnlich wie manche anspruchsvolle Birnbäume wird sie häufig als Spalierbaum an Hauswänden hochgezogen. Auch im Rosengarten der Insel Mainau wachsen einige Exemplare im Freien. Magnolien bevorzugen einen humosen und lockeren Boden, der sauer bis neutral sein sollte.

In den wärmeren Teilen Englands sind sie meist winterhart. Dort wurden sie 1734 eingeführt. 1754 schrieb Miller in seinem Gardeners Dictionary: „There were a great number of young plants in England before the year 1739, but a great part of them were destroyed by that severe winters."

Selbst ohne ihre Blüten würde es sich lohnen, *Magnolia grandiflora* zu pflanzen, wegen ihrer großen, oben glänzenden und unten blassen oder rostfarbenen Blätter.

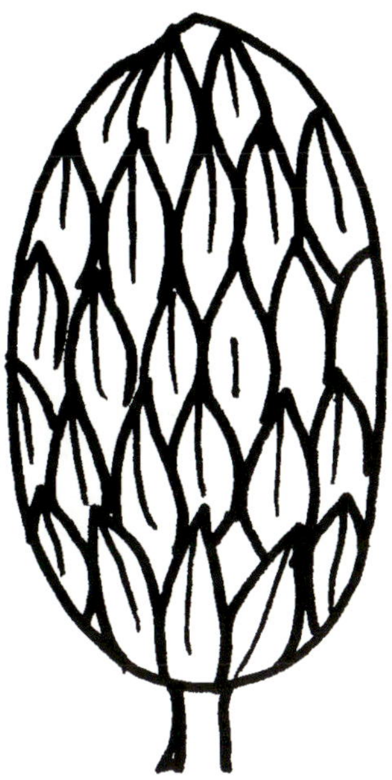

Nach der Blüte bleibt ein zapfenförmiger Stand stehen. Er erinnert an die Samenanlagen von Koniferen und zeigt an, dass die Magnolien am Anfang der Entwicklung zu den bedecktsamigen Blütenpflanzen stehen.

Der Schneeball

Der einheimische sommergüne Schneeball, *Viburnum opulus,* ist in feuchten Gebüschen und Auwäldern zu finden. Insgesamt gibt es 150 Arten, die auf der nördlichen Halbkugel zu finden sind. Die Blütenformen sind außerordentlich vielgestaltig. Sie erinnern mit ihren tellerförmigen Schirmrispen, ihren zu Schauapparaten umfunktionierten Randblüten zum Anlocken der Insekten und den fruchtbaren Innenblüten sehr stark an Hortensien. Tatsächlich hat diese Ähnlichkeit in der systematischen Botanik zu Irrtümern geführt. Echt dagegen ist die Verwandtschaft zu unserem Holunder, der derselben Familie angehört.

Unter den immergrünen Arten ist der Lederblattschneeball, *Viburnum rhytidophyllum,* am empfehlenswertesten. Auch die Klimazone 6 hält er problemlos aus. Er beeindruckt durch seine länglich eiförmigen Blätter mit der auffallend runzligen Oberseite. Die Unterseite zeigt eine grau gelbliche Filzbekleidung. Je kälter es wird, desto schlaffer hängen die glänzend grünen Blätter nach unten. Auch starker Schneefall kann dann ihnen nicht mehr schaden, denn der Schnee rutscht an den Blättern ab.

Im Herbst zeigt *Viburnum rhytidophyllum* einen reichen Blütenansatz. Ohne durch Knospen geschützt zu sein, bilden sich Blütenstände und Triebe nackt an den Zweigenden. Sie sind aber zum Schutz gegen die Unbilden des Wetters auffällig rotbraunfilzig behaart. Im Mai und Juni erscheinen rahmweiße Blüten zur Entfaltung, die in 15 bis 20 Zentimeter breiten Schirmrispen zusammengefasst sind. Nach dem Frühsommer schmückt sich der Strauch mit eiförmigen Beerenfrüchten, die zuerst leuchtend rot

Portal mit dem Laurustinus an einer Villa am Gardasee.

Oben und unten: *Viburnum tinus*, der Laurustinus ist im allgemeinen nicht winterhart, nur im Weinbauklima übersteht er den Winter. Meist hält man ihn als dankbare und attraktive Kübelpflanze, die den Lorbeer an Blütenpracht weit übertrifft.

Mitte oben: Der sommergrüne Schneeball, *Viburnum lantana*. Alle Schneeballarten, ob sommergrün oder wintergrün, gefallen durch ihre Blüten und die interessanten Blattstrukturen.

Oben und unten: Lederblattschneeball, *Viburnum rhytidophyllum*.

Lederblattschneeball: Während des Sommers zeigt sich bei den Blättern des Vorjahres vereinzelt eine herbstliche Färbung.

und dann schwarz glänzend sind. Isst man sie grün oder in großen Mengen, bewirken sie Durchfall und Erbrechen, während sie gekocht als Gelee oder Marmelade verzehrt werden. Der Lederschneeball, wie man ihn im Deutschen nennt, kommt aus China. An einem guten Standort kann er bis fünf Meter hoch werden.

1955 entstand in der Stadtgärtnerei Prag aus einer Kreuzung zwischen *Viburnum rhytiodophyllum* und *Viburnum utile* der sogenannte Prager Schneeball, *Viburnum x pragense.* Er wächst nicht ganz so aufrecht wie der Lederschneeball, im Alter sind seine Zweige leicht überhängend, die immergrünen Blätter sind nur sieben bis

Oben: Die sicherlich schönsten Blüten hat der sommergrüne Korea-Schneeball, *Viburnum carlesii.*

Oben: Den immergrünen Prager Schneeball, eine Kreuzung, erkennt man an den sperrig abstehenden Blättern.

Unten: Der immergrüne Kissenschneeball, *Vibirnum davidii*, ist leicht erkennbar an den drei tiefliegenden, parallellaufenden Hauptadern auf den Blattoberseiten.

Unten: Trotz des ähnlichen Blütenaufbaus sind die Hortensien aus der Familie der Steinbrechgewächse mit dem Schneeball nicht verwandt.

Unser sommergrüner Holunder, *Sambucus nigra*, ist ein echter Verwandter der dünntriebigen Schneeballarten.

Alte Holderbäume imponieren durch kräftige Stämme mit der rissigen und borkigen Rinde.

elf Zentimeter lang.
Für Mitteleuropa nicht ausreichend winterhart ist der Mittelmeer-Schneeball, *Viburnum tinus.* In Südeuropa bildet er das Unterholz der immergrünen Eichenwälder. Nur in geschützten Lagen und im Weinbauklima ist er im Freien auspflanzbar. Gerne wird er als Kübelpflanze gehalten und blüht dann schon im November im Kalthaus. Er ist der sogenannte Laurustinus der Gärtner. Man bezeichnet ihn auch als Lorbeerschneeball oder Steinlorbeer. Dem alten Namen Laurustinus gebührt wohl der Vorrang, denn Plinius der Ältere reihte ihn den Lorbeergewächsen zu und führte ihn als Laurus tinus in seiner Naturgeschichte auf.

Links: Schon im Vorfrühling blüht und knospet der sommergrüne Korea-Schneeball, *Viburnum carlesii.*

Das Geißblatt

Lonicera henryi an einem Bauernhaus bei Dietfurt im Altmühltal.

Der Name Geißblatt rührt daher, weil diese Pflanze so behände wie eine Ziege klettern kann. Auch in den anderen europäischen Sprachen wird das Geißblatt so genannt, zum Beispiel im Italienischen caprifoglio, französisch chêve - feuille und englisch goatleaf. Seinen Gattungsnamen *lonicera* erhielt es vom Frankfurter Stadtphysikus Lonitzer, der ein in seiner Zeit gefragtes Kräuterbuch geschrieben hat. Das Geißblatt gibt es in vielen Arten, strauchig, kletternd, sommergrün und wintergrün.
Die holzigen Schlingsträucher klettern mit Hilfe ihrer rechtsumwindenden Stengeln. Ein charakteristisches Merkmal sind die gegenständigen Blätter und die auffälligen, zweilippigen Blüten. Sie öffnen sich erst am Abend, dabei entströmt ihnen ein intensiver Duft. Gleichzeitig stellen sich die Blüten waagrecht, so daß die Schwärmer mit ihren langen Rüsseln den Nektar, gleich einem in der Luft schwebenden Kolibri, bequem absaugen können. Die Schlinggehölze führen auch den originellen und volkstümlichen Namen Jelängerjelieber.

Die Pflanzenfamilie erhielt ihren Namen, weil einige Vertreter so geschickt wie die Horntiere Bäume und Mauern hochklettern.

Oben: Gemälde von Peter Paul Rubens, 1577-1640, der Maler und seine Frau. Die Geißblattblüten in der Laube geben einen Hinweis auf die Bedeutung des Namens „Jelängerjelieber". Sie symbolisieren Treue und Liebe.

Lonicera henryi: Das immergrüne Geißblatt besitzt gegenständige, längliche, spitz ausgezogene, schwach glänzende Blätter, die unterseits hellgrün sind.

Gerne wird *Lonicera henryi* aus China angepflanzt. Sie besitzt lederartige, längliche Blätter mit ausgezogener Spitze, die sie manchmal im Winter bei strengem Frost abwirft. Im Frühjahr werden jedoch die verlorengegangenen Blätter ersetzt. Die Blütezeit reicht von Juni bis August. Bis in den Winter hinein sind die schwarzblauen, bereiften Beeren vorhanden.

Wintergrün ist auch die Kriechende Heckenkirsche, *Lonicera acuminata,* aus dem Himalayagebiet. Ihre Triebe wachsen bodenaufliegend und mattenförmig. Doch an Bäumen und Zäunen schlingt sie sich bis zu fünf Meter empor. Aus den gelben Blüten wachsen korallenrote Beeren.

Alle Lonicera-Arten sind sehr genügsam und stellen an den Boden keine großen Ansprüche. Sind sie erst einmal mit ihrem tiefgehenden Wurzelwerk fest eingewachsen, so überstehen sie auch den Wurzeldruck großer Bäume.

Oben: Da weder Ranken noch Haftorgane vorhanden sind, führen die Triebe des Geißblattes kreisförmige Bewegungen aus, um einen Halt zu finden. Betrachtet man die Pflanze von oben, laufen die Drehbewegungen im Uhrzeigersinn. Unsere Bohnen sind Linkswinder, während Kürbisranken sich nicht entscheiden können. Ihre Ranken drehen sich einmal nach rechts, einmal nach links. Keine Rankbewegungen führt der Efeu aus. Er klettert mit Hilfe seiner Saugwurzeln über Mauern und Bäume.

Lonicera tellmanniana: Die Blüten der sommergrünen Geißblattarten übertreffen die der immergrünen zwar nicht an Schönheit, aber doch an Wirkung, denn noch vor dem Blattaustrieb präsentieren sich die trichterförmigen Blüten.

Der Oleander

Häufig sieht man den Oleander als Wegbegleiter an Landstraßen und Autobahnen. Hier aber steht er in vornehmer Umgebung an der Promenade von Lugano.

Jede Pflanze muss sich vor Fraß schützen, mit Ausnahme der typischen Wiesenpflanzen, wie zum Beispiel Gräser und Klee. Sie können ja nur dann ihren Konkurrenzvorteil ausspielen, wenn Mensch oder Tier die Wiese immer kurz halten. Sie überstehen die Schur problemlos, während Bäume und Sträucher nachhaltig geschädigt werden.
Deshalb schützen sich Sträucher oft durch Dornen, Stacheln, Bitterstoffe, Unbekömmlichkeit und sogar Giftigkeit. Für letztere Methode hat sich der Oleander entschieden.
Seit fast 200 Jahren wird immer wieder von jenen Soldaten des napoleonischen Heeres berichtet, die in Spanien gestorben waren, weil sie Fleisch gegessen hatten, das an Spießen aus Oleanderholz gebraten worden war.
Die ganze Familie zeichnet sich durch Giftigkeit aus, dazu gehören auch Rauwolfia, Immergrün, Hundstod und Strophantus. Alle enthalten mehr oder weniger Glykoside, die eine Wirkung auf das Herz haben. In geringer Konzentration werden sie als Blutdrucksenkungsmittel eingesetzt. Auch der Afrikaforscher Livingstone berichtet von der Wirkung des Giftes. Danach präparierten die Eingeborenen Zentralafrikas ihre Pfeile mit Substanzen von Lianengewächsen aus der Gattung Strophantus.

Freilich gegen jedes Gift gibt es ein Gegengift. Der Oleanderschwärmer, Daphnis nerii, muss es erfunden haben. Er legt seine Eier auf die Blätter von Oleander und Immergrün. Seine Raupen verzehren das Laub samt dem Gift ohne Schaden.

In Europa wird vor allem die am Mittelmeer heimische Art, *Nerium oleander,* kultiviert. Ursprünglich darauf spezialisiert auf feuchten Flußschotter zu wachsen, findet man sie heute meist als Straßenrandbepflanzung. Im südlichen

Nerium oleander mit rosa Blüten. Der Oleander ist vor allem deshalb so beliebt, weil er den ganzen Sommer hindurch ausdauernd blüht.

Oleanderblatt in der Durchsicht. Meist stehen die weidenähnlichen Blätter zu dritt in Wirteln.

Oben: Der Oleanderschwärmer, *Daphnis nerii*, legt seine Eier auf die Blätter des giftigen Oleanders und des Immergrüns. Die ursprüngliche Heimat des Schwärmers ist Afrika und das südliche Asien. Gelegentlich fliegt er bis Mitteleuropa. Die langen, schmalen Flügel befähigen ihn zu schnellem und ausdauerndem Flug.

Rhonetal bildet der Oleander kilometerlange Hecken auf dem Mittelstreifen zwischen den Fahrbahnen der Autobahn. Die harten graugrünen, weidenähnlichen Blätter stehen meist zu dritt in Wirteln. Der Oleander blüht den ganzen Sommer über. Die weißen, rosa oder roten Einzelblüten sind groß und trichterförmig.

Der französische Name „laurier-rose" nimmt Bezug auf den Lorbeer und die Rose. D'Annunzio schreibt in seinem Alcyone: „Die Oleander, zweifacher Natur, vereinten Rosen und königlichen Lorbeer". Den harten Frost verträgt der Oleander überhaupt nicht. Deshalb hält man ihn bei uns nur als Kübelpflanze. Man überwintert ihn bei uns ziemlich trocken, kühl und hell im Kalthaus.

Mitte: Mit den angelegten Flügeln und den Augenflecken bildet der Schwärmer ein bedrohliches und abschreckendes Dreieck.

Das Immergrün

Vinca difformis

Schon durch seinen Namen musste das Immergrün in diesem Buch seinen Platz finden. Es ist eine niedrige, am Grunde verholzende Staude mit grünen lederartigen Blättern. Je nach Sorte trägt es von Mai bis Oktober weiße, rote oder blaue Blüten. Es eignet sich hervorragend zur Bodenbedeckung. Alle Pflanzenteile rufen nach Verzehr Übelkeit hervor.

Das Kleine Immergrün, *Vinca minor*, ist bei uns in lichten Laubwäldern heimisch, das Große Immergrün, *Vinca major*, ist ein Halbstrauch, der aus dem Mittelmeergebiet stammt. Von ihm gibt es zwei bunte Varietäten, eine mit gelb geäderten, die andere mit weiß oder gelb geränderten Blättern.

Oben: *Vinca minor*: Aus dem dunklen Grün leuchten die sternförmigen Blüten hervor. Sie sitzen einzeln in den Blattachseln. Die Kronzipfel sind schwach gebogen und sehen wie eine Schiffsschraube aus.

Vinca major: Meist sind es die gelb gefleckten Sorten, die als auffällige Leuchtpunkte im Garten eingesetzt werden.

Vinca minor: Die langen niederliegenden Sprosse mit den elliptischen Blättern eignen sich hervorragend als Bodendecker.

Die Berberitze

Großblättrige immergrüne Gartenform mit Blütenknospen.

Berberis julianae ist eine großblättrige Form mit vielen kleinen Stacheln an den Blatträndern. Sie wird bis vier Meter hoch. Die ledrigen Blätter verfärben sich im Winter teilweise bräunlich und hellgrün. Im Frühjahr erscheinen die Neuaustriebe in rötlicher Farbe.

Aus den Blüten entwickeln sich auf Büscheln sitzende, weiße, später blauschwarz bereifte, leicht giftige Früchte.

Der Gattungsname *Berberis* kommt von Berber oder Barbar. Als Barbaren bezeichneten die Griechen die für sie unzivilisierten Völker des Nordens.

Von den vielen Berberitzen ist nur eine Art heimisch, nämlich der sommergrüne Sauerdorn, *Berberis vulgaris.* Für alle Berberitzen sind die Dornen typisch und oft auch Namensgeber. So nennt man sie auch Dreidorn. Letzteres weist darauf hin, dass die Dornen zu dreien nebeneinander stehen. Die drei Dornen sind nichts anderes als umgewandelte Deckblätter der Langtriebe. Die Stachligkeit wird bei den wintergrünen Arten durch die Blätter noch verstärkt. Sie weisen nach vorwärts gerichtete Stachelzähne auf.

Die sommergrünen Berberitzen sind der Zwischenwirt des gefürchteten Getreide- oder Schwarzrostes. Deshalb wurde *Berberis vulgaris* früher in der Nähe von Getreidefeldern nicht geduldet.

Noch durch eine Besonderheit fallen Berberitzen auf, nämlich, dass Pflanzenteile auf Reize hin rasche Bewegungen ausführen. Berührt man in der Blüte eines der sechs Staubblätter, so richtet es sich blitzschnell auf, nähert sich der Narbe des Stempel und legt sich an den Fruchtknoten an. Nach einiger Zeit kehrt es langsam in die Ausgangslage zurück.

Die immergrünen Berberitzen sind eine willkommene Bereicherung des Gartens. Ihre glänzenden Blätter, das reiche Blühen und der zierende Fruchtbehang beleben das ganze Gartenjahr. Wenn die nötige Bodenfeuchtigkeit da ist, vertragen sie auch tiefste Kältegrade. Auch eine optimale Ernährung fördert die Winterhärte.

Eine der kleinsten Berberitzen ist die Buchsbaumblättrige Berberitze, *Berberis buxifolia,* aus dem südlichen Chile. Bis zu vier Meter hoch wächst *Berberis julianae* aus Mittelchina. Ihre Blätter sind acht bis zehn Zentimeter lang. Im Herbst färben sie sich zum Teil gelb bis rot. Mai, Juni erscheinen die goldgelben Blüten in Büscheln, aus denen dann reifüberzogene, blaue Früchte wachsen.

Mahonienberberitze, *Mahoberberis*: Ein Gattungsbastard, der auf *Mahonia aquifolium* und *Berberis vulgaris* zurückgeht. An die Mahonie erinnern die dreiteiligen Blätter, an die Berberitze die gezähnten Blattränder. Die Hybride wächst gut, ist aber doch so gestört, dass sie nicht zum Blühen kommt. Sie wird deshalb vegetativ vermehrt.

Berberis buxifolia, die Buchsbaumblättrige Berberitze, ist eine niedrige und immergrüne Form ohne Blattstacheln, verbreitet von Valdivia bis zur Magellanstraße.

Kleinblättrige Berberitzenart, die sich im Winter bunt verfärbt.

Die Mahonie

Die Gewöhnliche Mahonie, *Mahonia aquifolium,* aus dem westlichen Nordamerika ist ein anspruchsloser und dekorativer Zierstrauch mit dornig gezähnten Fiederblättern. Die zu einer Dolde vereinten gelben Blüten gleichen denen der Berberitze und haben wie sie die reizbaren Staubfäden. Auch Bastarde zwischen den beiden Gattungen weisen auf die nahe Verwandtschaft hin. Nach der Blütezeit bilden sich attraktive, dunkelblaue, weiß bereifte Beerenfrüchte.

Zu allen Jahreszeiten fallen die Blattfarben ins Auge: im Frühjahr der rotgelbe Austrieb, im Sommer das metallische Grün, im Herbst die Färbung von purpur bis dunkelrot, im Winter werden die Blätter unter Sonneneinwirkung violettbraun. Die vielstämmigen, etwa einen Meter hohen Sträucher breiten sich durch unterirdische Ausläufer aus. Sie lieben einen leichten Schatten und nicht zu trockene und windige Stellen.

Mahonia bealii (Schmuckblatt Mahonie) aus China ist eine starkwüchsige Art, die in milden Gegenden übermannshoch werden kann. Um einen starken Mitteltrieb sind dekorative Blattquirle angeordnet. Das Laub auf den kräftigen Trieben wird 30 bis 40 Zentimeter lang. In Ausnahmefällen bedarf es eines Frost- und Sonnenschutzes. Sie verträgt es nicht, mit anderen Sträuchern vermischt zu werden, sondern kommt wegen ihrer bizarren Gestalt am besten als Solitärpflanze zur Geltung.

Typisch für viele Sauerdorngewächse sind die Blattstacheln. Daraufhin weist auch bei *Mahonia aquifolium* der Artname (*aqui-folium* = Nadelblatt).

Gewöhnliche Mahonien und Schmuckblattmahonien zu verschiedenen Jahreszeiten.

Oben: Obwohl ohne Nerven und Muskulatur, können Pflanzen schnelle Bewegungen durchführen. Die Staubgefäße von Berberitzen und Mahonien sind dazu im Stand. Jeder Beobachter ist erstaunt und erschreckt über die jähe Bewegung.

Das Johanniskraut

Die meisten Arten der Gattung *Hypericum* sind robuste, immergrüne Ziersträucher, die als Unterwuchs von Gehölzen oder als Zierpflanzen im Steingarten Verwendung finden. Die bis acht Zentimeter großen Blüten zeigen sich von Juli bis September. Weil die abgewelkten Blüten nicht abfallen, sondern braun werden und vertrocknen, sieht der Blütenstand immer ein wenig unordentlich aus und eignet sich deshalb nicht für Sträuße. Die Blüten mit den zahlreichen Staubblättern liefern Pollen aber keinen Nektar.
Der Name Johanniskraut, der sich auf die Blütezeit bezieht, ist nur einer von vielen. Andere sind Hartheu und Unserer-Lieben-Frauen-Bettstroh. Aber auch Jesu-Wunden-Kraut wird die Pflanze genannt, weil die Blätter mancher Sorten gegen das Licht gehalten wie durchstochen aussehen. Zahlreiche Ölbehälter im Gewebe machen die Blätter an diesen Stellen durchscheinend. Auch in den Blüten sitzen dunkle Harzdrüsen. Wegen dieses Gehaltes an Öl und Harz und dem blutroten Saft wurde die Pflanze schon im Altertum als Heil- und Zaubermittel verwendet. In manchen Gegenden heißt sie deshalb Hexenkraut. Auch heute noch wird das Johanniskraut in Apotheken geführt und seine Extrakte werden äußerlich und innerlich angewandt.
Beinahe jede Pflanze glaubte man früher als Arznei verwenden zu können. Nach der bereits aus dem frühen Altertum überlieferten Signaturlehre ist jeder Pflanze nach Form und Farbe ein spezifisches „Signet" aufgeprägt, man muss nur seine Wirkung richtig zu deuten wissen.
Zum Beispiel: Eine Pflanze, deren dreiteiliges Blatt an die lappige Form der Leber erinnert, muss gegen Leberleiden helfen und heißt darum „Leberblümchen". Unser Johanniskraut mit seinem roten Saft war ein Mittel gegen die Bleichsucht bei jungen Mädchen. Allerdings schon Paracelsus hielt wenig von dieser Lehre.
An ernstzunehmenden Hinweisen aber, dass die im Mittelalter vornehmlich zur Wundheilung verwendete Pflanze tatsächlich die Stimmung hebt, hat es nie gefehlt. Bei der Verwendung von starken Extrakten des Johanniskrauts stellte man ähnliche Wirkungen fest, wie bei den bislang verwendeten antidepressiven Medikamenten. Es verhindert nämlich, dass die Nervenbotenstoffe Noradrenalin und Dopamin wieder in das Nerveninnere zurücktransportiert werden. Dadurch stehen diese Substanzen im Gehirn vermehrt für eine Signalübertragung zur Verfügung.
Die großen Johanniskrautpolster bilden prächtige Lichtpunkte im Sommergarten. Sie werden meist nur bis einen Meter hoch und haben ein staudenhaftes Wesen. Ihre Pflegeansprüche sind recht bescheiden. Besonders gut wachsen sie in neu angelegten Gärten, denn sie bevorzugen lockeres Erdreich. Auf schweren, verdichteten Böden ist der Wuchs unbefriedigend.

Phillipus Paracelsus, geboren 1493 Einsiedeln in der Schweiz, gestorben 1541 Salzburg in Österreich. Seine Anstellung als Basler Stadtarzt und Professor musste er nach kurzer Zeit aufgeben, weil seine unorthodoxen Behandlungsmethoden und die in deutscher Sprache gehaltenen Vorlesungen das Misstrauen der Schulmedizin erregten. Seitdem führte er ein unruhiges Wanderleben in Süddeutschland, das zur Legendenbildung um seine Person beigetragen hat.

Leberblümchen, *Hepatica nobilis*.

Großblütige Gartenform des Johanniskrautes.

Der Buchsbaum

Kunstvoll geschnittene Immergrüne in skurrilen, geometrischen Formen im Park von Hever Castle (England).

Oben: Bauerngarten im Botanischen Garten von Augsburg. In allen geometrisch angelegten Gärten spielt der Buchs eine große Rolle.

Die Heimat des allgemein bekannten und beliebten Buchsbaumes, *Buxus sempervirens,* ist das Mittelmeergebiet. Doch auch in Deutschland gibt es von ihm natürliche Bestände, zum Beispiel im Moseltal von Trier bis Koblenz und in Südbaden. Man findet ihn dort als Unterholz in Flaumeichenwäldern an warmen Südhängen auf mäßig trockenen, steinigen Lehmböden. Ob es sich um verwilderte Pflanzen oder ob er doch nach der Eiszeit von selbst über Frankreich eingewandert ist, ist noch ein Streitpunkt.

Es gibt mehrere Rassen, höherwachsende, niedrigbleibende, großblättrige, kleinblättrige oder solche mit gelb gerandeten, gesprenkelten oder panaschierenden Blättern. Die Unterschiede fallen aber nicht sehr ins Auge, alle wachsen ziemlich langsam, sind zäh, ausdauernd und langlebig. In hundert Jahren erreicht der Buchs etwa fünf Meter Höhe. In Parks und in Gärten wird er gerne zur Anpflanzung von Hecken verwendet und, da man ihn gut

Ähnlich wie Liguster, Eibe und Lorbeer unterwirft sich der Buchs willig der Schere des Gärtners und lässt sich, wie hier im Verein mit Sommerblumen, zu allerlei Skulpturen formen.

Marmorstein und immergrüner Buchs auf einem Friedhof, beide als Gegensatz zur Vergänglichkeit des Lebens.

schneiden kann, zu geometrischen Figuren wie Kugeln, Säulen, Spiralen, Pyramiden und Kegeln geformt. Geschickten Gärtnern gelingt es sogar, ihn in Tierskulpturen jeglicher Art zu verwandeln. Seine große Zeit war die Barockzeit mit ihren formalen Gärten. In den Bauerngärten, die im Kleinen die höfischen Schlossgärten der Barockzeit nachahmten, hat er sich noch lange gehalten. Heute erlebt er wieder eine Renaissance.
Tiere verschmähen für gewöhnlich seine Blätter. Offenbar meiden sie seinen Geruch, den wir so sehr mögen, weil er uns an die Atmosphäre alter ummauerten Gärten im Sommer erinnert. Der ganze Strauch enthält giftige Blausäureglycoside, so dass man heute auf seine Verwendung als fiebersenkendes Mittel gerne verzichtet, nachdem es ungefährlichere Mittel gibt.

Bastionsgarten der Willibaldsburg. Nach alten Plänen wurde der Renaissancegarten rekonstruiert. Im Hintergrund die Stadt Eichstätt.

Mitte rechts: Statt eines glatten Rasens eine Landschaft aus immergrünen Kugeln und Kegeln, gestaltet aus Buchsbäumen und Koniferen.

Das Prinzip der Gestaltung des Bastionsgartens ist einfach und wirkungsvoll. Viele Rechtecke in einem symmetrischen Raster aus Buchsbaumhecken.

Links: Sorte mit gelbgrün gestreiften Blättern.

Oben: Normalform des Buchs. Die Blätter verraten noch den Schnitt des Gärtners.

Unten: Sorte mit gelb gerandeten Blättern.

Rechts oben: März, April wachsen aus den Blattachseln gelbliche Blütenbüschel.

Am schönsten ist der Buchs, wenn sich die neuen Triebe zwischen den alten hervorschieben.

Aufrecht wachsende Säulenform, *Buxus sempervirens* 'Fastigata'.

Der Ginster

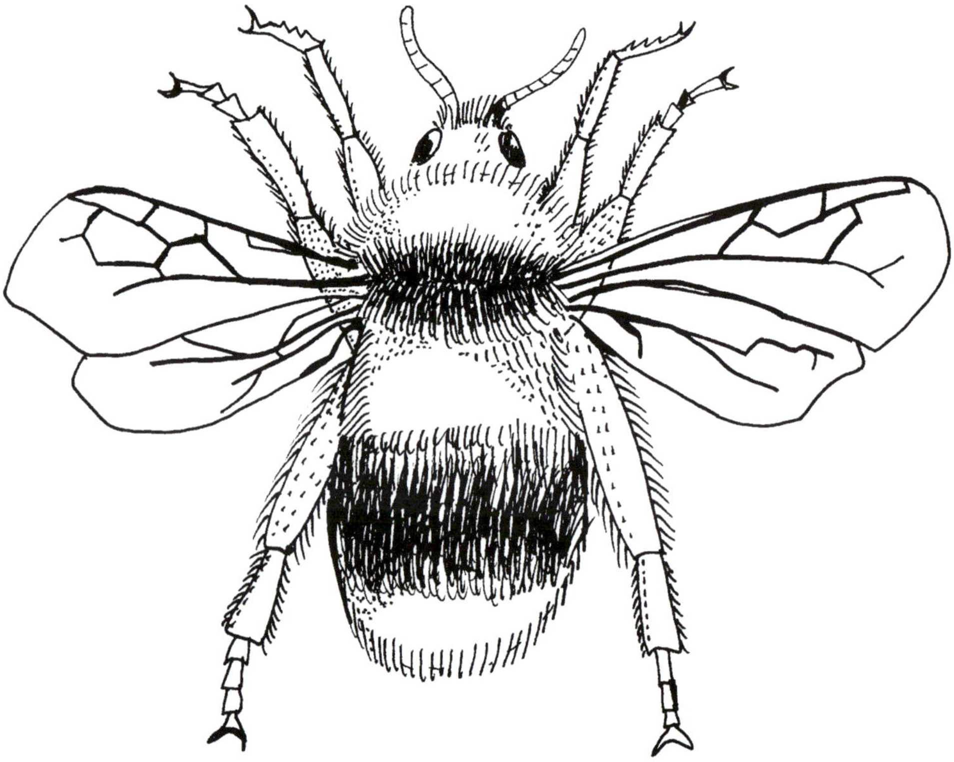

Der Begriff Ginster ist eine Sammelbezeichnung für unterschiedliche Gattungen und Arten. Typisch für sie sind die immergrünen, rutenartigen Zweige, die kleinen Blättchen, die oft nur im Jugendstadium da sind und der reiche Blütenflor. Weil die Oberhautschicht der Triebe nicht verkorkt, bleiben die Zweige lange Zeit grün.
Der Ginster wächst auch auf sehr kargen und kalkigen Böden. Er widersteht auch größter Trockenheit und besiedelt als Pionierpflanze sandige Schutthalden und sogar Lavaböden. Wie viele Hülsenfrüchtler geht er mit stickstoffbildenden Mikroorganismen eine enge Symbiose ein. Die Bodenbakterien gelangen in die Wurzelhaare und erzeugen dort knollenartige Wucherungen, so kann der Ginster auch auf stickstofffreien Böden gedeihen.

Die Ginsterarten lieben es nicht, im Halbschatten von Bäumen zu stehen. Sonnige Abhänge, Felspartien und Hei-

Gut eignet sich der Pfeil-Ginster, *Genista sagittalis*, für Steingarten und Heidelandschaften. Er ist ein kriechender Zwergstrauch mit wurzelnden Holzstämmchen.

Die Blüten des Geißklees, *Cytisus*, haben eine wickenähnliche Form. Aufgrund der leichten Kreuzbarkeit entstand ein riesengroßes Sortiment an zweifarbigen Sorten. Die fertigen Samen werden explosionsartig herausgeschleudert (Unterschied zu Genista).

Links oben: Zumeist sind es Hummeln, die die Ginsterblüten aufsuchen. Obwohl nur ein Insekt, kann die Hummel auch bei kühlem Wetter aktiv sein, denn die dichte Behaarung hält die Wärme zurück.

Links: Zum Ausgleich für die verlorenen Blättchen besitzen die kantigen Sprossachsen chloroplasthaltiges Gewebe.

Die Ginsterblüte hat eine eigenwillige Form mit Fahne, Flügel und Schiffchen. Man nennt sie deshalb Schmetterlingsblütler.

degärten sind ihre Standorte. Ihre Schmetterlingsblüten überziehen von Ostern bis zum Hochsommer die Zweige mit ihrer goldgelben Farbe. Wer schon an Ostern an der Riviera war, ist beeindruckt von dem gelben Blütenmeer, das die Berge des Hinterlandes überzieht, aber auch wer in Deutschland auf Autobahnen durch den Jura fährt, freut sich über den Deutschen Ginster, *Genista germanica,* auf den Böschungen. Zu dieser Gattung gehören eine Reihe von Wildformen und viele Sorten. Extra Gattungen bilden der Geißklee, *Cytisus,* der Besenginster, *Sarothanus* und der Stechginster, *Ulex.*

Bei den meisten Pflanzen sind die Blüten zentralsymmetrisch angelegt. In der Mitte steht der Fruchtknoten mit dem Griffel. Um ihn sind die Staubgefäße angeordnet. Schließlich stehen im äußersten Kreis Kronblätter und Kelchblätter.
Doch bei den Hülsenfrüchtlern haben die achsensymmetrischen Blüten das Aussehen eines Schmetterlings. Das oberste Kronblatt nennt man die Fahne, die zwei seitlichen Kronblätter die Flügel, die zwei unteren, die am Rand zusammengewachsen sind, bilden das Schiffchen.
Vornehmlich sind es die Hummeln, die durch die eigenwillige, insektenähnliche Form angelockt werden.

Nicht verwandt, aber konvergent ist die Ankerpflanze, *Colletia paradoxa*, bei uns eine beliebte Kübelpflanze. Auch sie assimiliert vornehmlich mit den Zweigen.

Der Lorbeerbaum

Wie sonst nur die Eiche, so spielt auch der Lorbeerbaum, *Laurus nobilis,* eine besondere Rolle im klassischen Mythos. Die Griechen nannten ihn Daphne. Vermutlich ist Griechenland auch das Ursprungsland. Heute wächst er verwildert im ganzen Mittelmeerraum und auch an den oberitalienischen Seen. Er ist der Charakterbaum der immergrünen Hartlaubvegetation. Man spricht auch vom Lorbeerwaldgürtel.

Apollo, Daphne verfolgend, und Daphne, sich in einen Lorbeerbaum verwandelnd. Bernini schuf die Plastik im Alter von 19 Jahren. Als er sie 20 Jahre später wieder sah, meinte er resignierend, dass er in der Zwischenzeit nichts dazugelernt habe.

Seit langer Zeit wird er als Zierpflanze gezogen. Cata Major (234-149 v. Chr.) wetterte leidenschaftlich, aber vergebens gegen die extravaganten Villengärten in Rom mit dem fremdländischen Lorbeer. Zweihundert Jahre später ist er schon allgemein verbreitet und Plinius der Ältere (23-79 n. Chr.) unterscheidet in seiner „Historia naturalis libris" schon drei Gartenformen.

Seine symbolische Bedeutung ist eng mit dem Apollo-Mythos verknüpft. Der Sage nach zog Apollo, der Gott der Weisheit, nachdem er den Drachen Python getötet hatte, mit Lorbeer bekränzt als Sieger in Delphi ein.

Am schönsten hat Ovid in seinen Metamorphosen die Entstehung des Lorbeers geschildert. In heftiger Liebe entbrannt, verfolgt Apollo die Nymphe Daphne, Tochter des Flussgottes Peneios. Von der Flucht erschöpft, bittet sie ihren Vater, sie so zu verwandeln, dass sie dem Verfolger nicht mehr gefalle. Ovid schreibt:

...Wie sie kaum es erfleht, fasst starrende Lähmung die Glieder,
Und mit geschmeidigem Bast umzieht sich der schwellende Busen.
Grünend erwachsen zu Laub die Haare, zu Ästen die Arme;

Fest hängt, jüngst noch flink, ihr Fuß am trägen Gewurzel.
Wipfel verdeckt das Gesicht; nichts bleibt als die glänzende Schönheit.
So auch liebt sie der Gott. An den Stamm die Rechte gehalten.
Fühlt er, wie noch bebt in der bergenden Rinde der Busen,
Und mit den Armen die Äste, als wären es Glieder, umfangend,
Gibt er Küsse dem Holz. Den Küssen entzieht sich das Holz auch.
„Weil du", sprach er sodann, „nicht mein werden kannst als Gattin,
Werde denn mein als Baum. Dich soll nun ständig die Leier,
Dich soll tragen das Haar, dich ständig der Köcher, o Lorbeer!"

Links: Tempel an der Prozessionsstraße von Delphi. Nachdem Apollo den Drachen Python vernichtet hatte, zog er lorbeerbekränzt in Delphi ein.

Die Blätter vieler Immergrüner werden als lorbeerartig bezeichnet, doch das Blatt des *Laurus nobilis* ist unverwechselbar. Nur es hat den sägeartigen, hartkantigen, gewellten Rand.

Portal am Schloss Zeil. Für Türen, Tore und Portale ist der Edle Lorbeer ein treuer und nobler Wächter.

Das anrührende Motiv kehrt auf attischen Vasen und Wandgemälden in Pompei wieder. Auch Bernini hat es in einer Marmorgruppe in der Villa Borghese in Rom plastisch gestaltet.

Apollo ist ein Seher und auch die Dichter sind Seher. Sie sehen voraus und sind somit auch seine Jünger. Deshalb wurden sie mit Lorbeerblättern bekränzt. Heute ist der Lorbeer noch das Zeichen akademischer Würde im Laureat und Baccalaureat.

Die alten Römer schmückten die Bilder ihrer Eltern und Ahnen mit dem Lorbeer und beim Triumphzug hielt ein Sklave einen Lorbeerkranz über dem siegreichen Feldherr und mahnte: „Gedenke, dass du ein Mensch bist!“

Der abgebildete Pfennig zeigt Karl den Großen nach Art der byzantinischen Kaiser mit Lorbeerkranz. Die Umschrift KAROLUS IMP (erator) AUG (ustus) vervollständigt das Zitat. (Prägedatum und Ort: nach 804 in Mainz.)

Die in Kübeln gezogenen Bäume verleihen Staatsempfängen und Festakten heute noch einen noblen Charakter. Auch in Kirchen und Schlossgärten finden wir ihn. Aus einfachen Türen werden prächtige Pforten, wenn sie vom Edlen Lorbeer, dem *Laurus nobilis,* flankiert werden. Goethe zieht in Mignon den Lorbeer in seine wehmütigen Erinnerungen an südliche Gefilde ein:

„Kennst du das Land, wo die Zitronen blühen,
im dunklen Laub die Goldorangen glühn,
ein sanfter Wind vom blauen Himmel weht,
die Myrte still und hoch der Lorbeer steht".

Der Lorbeer ist eine einhäusige Pflanze mit achselständigen Blüten.

Oben: Der Lorbeer ist eine dankbare Kübelpflanze. Sich selbst überlassen, nimmt er eine zapfenförmige Gestalt an.

Der Lorbeer wächst langsam, sein natürlicher Habitus ist ein dichter, zwölf Meter hoher Zapfen. Zerreißt man die lanzettförmigen Blätter, so entströmt ein Geruch, der auf den Gehalt an Lorbeeröl beruht. Die frischen Blätter schmecken bitter, verlieren aber nach dem Trocknen den Bitterstoff, während das Aroma erhalten bleibt. Verwendet werden die Blätter zur geschmacklichen Verfeinerung von Braten, Fisch und Suppen.

Wie Eibe und Buchs eignet er sich als Material für Pflanzenskulpturen. Er läßt sich leicht pyramidenförmig oder zu einer Kugel schneiden. Gegen Krankheit ist er wenig anfällig und gedeiht in jedem gut gewässerten Kübel. Im Freiland hält er Temperaturen von minus zehn Grad Celsius kurzzeitig noch gut aus.

Den Lorbeer erkennen wir wieder in den Vornamen Lorenz und Laura, ebenso in zahlreichen italienischen Städtenamen wie Loretto, Lauretto, Laurita, Laureana usw..

Der Berglorbeer

Mit dem Edlen Lorbeer verwandt ist der kalifornische Berglorbeer, *Umbelluaria californica.* Er ist ein schöner, immergrüner Baum, freilich ist er nicht ganz so frostbeständig wie der Edle Lorbeer, in der Klimazone 8 kann er aber auch zu großen Bäumen heranwachsen. Es sind Bäume, die im tiefen Schatten wachsen können, bis sie selbst starken Schatten spenden. Seine Wuchsform ist eindeutig interessanter als die des Edlen Lorbeerbaumes.

Ihr Holz ist besonders hart, so dass man in früheren Zeiten daraus Walzen und Rollen fertigte, auf denen man in Kalifornien ganze Häuser verschob.

Eine moderne Nutzung des Berglorbeers erfolgte durch die Genforschung. Wissenschaftler haben aus ihm ein Gen isoliert und es in die Chromosomen der Rapsölpflanzen eingebaut. Das Gen ermöglicht der Ölpflanze Wirkstoffe gegen Schädlinge herzustellen, so dass auf Spritzmittel verzichtet werden kann. Das Öl der Rapspflanzen hat eine breite Verwendung, unter anderem verwendet man es auch zur Herstellung von Schokolade.

Oben: Blüte des Berglorbeers.

Rapsfeld: Der Gentechnik gelingt es Brücken zwischen verschiedenen Organismen zu schlagen. So pflanzten Wissenschaftler Chromosomenbruchstücke des Berglorbeers in die Zellkerne des Raps.

Oben: Zweig, Blätter und Früchte des kalifornischen Berglorbeers, *Umbelluaria californica.* Er eignet sich als Solitärpflanze an besonders geschützten Stellen.

Die Ölweide

Die Gattung *Elaeagnus* umfasst etwa 45 Arten. Es sind Sträucher oder kleine Bäumchen. Ihren Namen haben sie wegen ihrer Ähnlichkeit mit dem Ölbaum erhalten. Die Blätter und die oft dornigen Zweige sind wechselständig angeordnet. Ein typisches Verwandtschaftsmerkmal ist die feine silbrige Schuppigkeit an Blättern und jungen Trieben.

Am schönsten ist die buntlaubige Ölweide, *Elaeagnus pungens*, 'Maculata', aus Japan. Der immergrüne, breit aufrecht wachsende Strauch fällt durch seine lederartigen, oberseits glänzenden, dunkelgrünen Blätter auf. In der Mitte ist ein unregelmäßiger, leuchtend gelber Fleck. Die Unterseite ist braunschuppig auf silberweißem Grund. Es gibt kaum eine andere Pflanze, deren Blätter sich so interessant darstellen. Sie verlangt einen vor Winden und Wintersonne geschützten Platz (Klimazone 8). Auch als Kübelpflanze ist sie sehr empfehlenswert. Nicht einheitlich beblätterte Rückschläge sollen entfernt werden. Die immergrünen Ölweiden blühen erst im Herbst. Unter günstigen Umständen entwickeln sich im folgenden Jahr kleine, walzenförmige Früchte, die essbar sind. Auch als Hecken- und Sichtschutzpflanzen sind Ölweiden gut geeignet.

Gäbe es einen Preis für die schönste und interessanteste Belaubung, so müsste ihn die buntlaubige Ölweide, *Elaeagnus pungens* 'Maculata', gewinnen. Die jungen Blätter zeigen eine feine Schuppigkeit. Erst später bilden sich auf den Blattoberseiten leuchtend streifige Flecken in gelben, hellgrünen und dunkelgrünen Tönen.

Die Stechpalme

Die Frage nach dem schönsten immergrünen Laubbaum ist nicht leicht beantwortbar. Die Natur selbst gibt daraufhin keine Antwort. Ihr Ziel ist nur das Überleben der Arten. Das Individiuum selbst spielt keine Rolle in dem Lebenskampf. Es ist nur Mittel zum Zweck. Hauptakteure sind letztlich die Gene, die um sich einen kleinen Kosmos erschaffen mit Organen, die es ständig nach dem Prinzip von Mutation und Selektion zu verbessern gilt. Bei Erfolg überleben die Gene in den Nachkommen, bei Misserfolg stirbt die Population aus. Freilich wissen wir, dass sinnvolle, praktische und erfolgreiche Lösungen auch ästhetisch befriedigen.

Für viele ist die Stechpalme der Lieblingsbaum. Vor allem der große Reichtum an Formen und Farben ist faszinierend. Die lederartigen Blätter glänzen an der Oberfläche kräftig, sind gewölbt, ausgeschweift und am Rande dornig gezähnt. Die kurzen Triebe halten die Beblätterung dicht und verstärken den Kontrast zwischen dem hellen Glanz und dem dunklen Laub. Am schönsten wirken die Stechpalmen im Sommer, wenn die jungen Triebe weich und schimmernd sind, dass sie wie feucht aussehen.

Die 450 Arten gehören mit drei Ausnahmen alle der großen Gattung *Ilex* an, die vor allem in den Tropen und Subtropen verbreitet ist. In Europa ist sie durch die Stechpalme, *Ilex aquifolium,* vertreten, die in Norddeutschland Hülse heißt. Die Stechpalme wird schon seit langer Zeit kultiviert, so dass es eine Unzahl von Kultursorten und Hybriden gibt. Die Blätter präsentieren sich in allen Variationen, hellgrüne, reingrüne, dunkelgrüne, gelb oder weiß gerandete, gelb gefleckte, hellgrün marmorierte, gold oder silber gescheckte, breitblättrige, schmalblättrige, stark bedornte, schwach bedornte, aufgerollte, gekräuselte, gedrehte und hängende. Dazu gibt es grüntriebige, rottriebige, gelbfrüchtige oder rotfrüchtige Sorten.

Die Stechpalme ist meist zweihäusig. Die

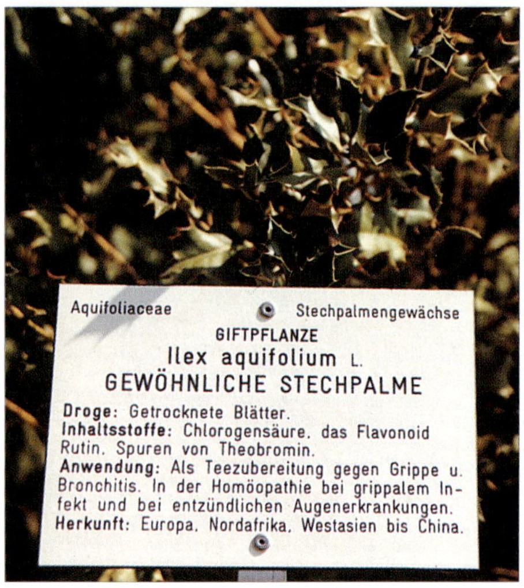

Botanischer Garten der Universität Ulm. Schilder unterrichten den Besucher über die medizinische Wirkung der Pflanzen.

Stechpalme an der Hafeneinfahrt von Lindau am Bodensee.

Ilex crenata, die japanische Hülse mit den buchsbaumähnlichen, gebuchteten Blättchen.

Mitte: Ilex aquifolium 'Golden King', trotz des Namens eine weibliche Form mit Früchten.

Ilex aquifolium 'Silver Queen', eine männliche Pflanze, die keine Früchte trägt.

Mitte: Ilex x altaclerensis 'Lawsonia', eine fast stachellose Sorte in zarten Tönen, die aber frostempfindlich ist.

weiblichen Pflanzen haben Blüten mit vier Kronblättern, Fruchtknoten mit Narbe und vier sterilen Staubblättern. Die männlichen Pflanzen besitzen Blüten ohne Fruchknoten. Manche Sorten zeigen ihre typischen Merkmale nur als männliche Form, zum Beispiel 'Silver Queen'. Sie werden deshalb vegetativ vermehrt.

Nach einer Befruchtung bildet sich um den vierkammrigen Fruchtknoten ein roter Mantel, in dem vier kleine Kerne eingebettet sind. Die Beeren werden bei Einbruch der kalten Jahreszeit von den Vögeln geplündert. In der Adventszeit sind die beerenbesetzten Zweige ein

Ilex aquifolium ´Ferox Argentea´ mit bizarrer Blattstruktur, die die Stachligkeit übertreibt.

Ilex x meservae 'Blue Maid', eine besonders frostharte Selektion aus den Hybriden zwischen I. aquifolium und I. rugosa (Ostsibirien). Mrs Meserve, St. James, New York, wurde durch diese Züchtung von der American Horticultural Society ausgezeichnet.

Links oben: *Ilex aquifolium* mit roten Früchten

Links: *Ilex crenata* 'Golden Gem', eine buntlaubige Form der japanischen Stechpalme.

Links unten: *Ilex crenata* 'Stokes', gedrungen und dicht wachsend.

Unten: *Ilex aquifolium* mit gelben Früchten

Oben: *Ilex aquifolium* im Winter

Rechts oben: *Ilex aquifolium* 'Aureomarginata'

Rechts: *Ilex aquifolium* 'Van Tol', ein reich fruchtender, dornenarmer Baum, bis 8 m hoch wachsend.

Rechts unten: *Ilex aquifolium*, alte Bäume werden zunehmend dornenarm.

beliebter Schmuck für weihnachtliche Gestecke. Die Vielheit der Namen ist oft verwirrend, was aber dem Spaß an der Mannigfaltigkeit keinen Abbruch tut. Außerdem ist durch Kreuzungen der Gemeinen Stechpalme mit *Ilex perado* von den Azoren ein weiteres Sortiment mit mehr als zwanzig Vertretern hervorgegangen, die man als Highclere-Hybriden bezeichnet.

Unsere einheimische Stechpalme ist ein kleiner Baum oder Strauch, der eine Höhe von fünf bis zehn Meter erreicht. Sie liebt den Halbschatten, verträgt aber auch volle Sonne, verlangt dann aber lockeren Boden und ausreichend Bodenfeuchtigkeit. Man pflanzt sie solitär, gruppenweise oder als Hecke.

Der deutsche Name wie der lateinische Artname *aquifolium* (Blatt mit Nadeln) weisen auf die bedornten Blätter hin. Unten in Erdnähe ist die Bedornung besonders ausgeprägt, während sie sich nach oben oft zunehmend verliert. Eine besonders dornenarme Sorte ist *Ilex aquifolium* 'I. C. van Tol'. Sie hat auch noch den Vorteil, dass sie als weibliche Pflanze stark fruchtet. Die Bedornung ist übrigens kein zuverlässiger Schutz. Freilebende Kaninchen können in einer Nacht ungeschützte Jungpflanzen bis zum Boden hinunterfressen. Sogar Schnecken sind eine Gefahr für kleine Pflänzchen. Auch sie vergreifen sich an dem nahrhaften Laub.

Viele tropische Ilex-Arten spielen für die menschliche Ernährung eine Rolle. Sie dienen der Teegewinnung. Am bekanntesten ist der *Ilex paraguariensis.* Er liefert den berühmten Mate-Tee. Ähnlich wie beim echten Tee werden die Zweigspitzen geerntet, einer kurzen Gärung unterworfen und getrocknet. Sie enthalten Koffein. Man brüht die Blätter und trinkt den Tee durch ein mit einem Sieb versehenes Röhrchen, die „Bombilla". Für viele Millionen Südamerikaner spielt Mate die gleiche Rolle wie für uns Kaffee oder Tee.

Stechpalme an der Hafeneinfahrt von Lindau an einem sonnigen Tag.

Der Ölbaum

Olivenfrüchte und Olivenöl sind die Grundlage der griechischen Küche.

Der Ölbaum, *Olea europaea,* hat schmale, ovale, ledrig glänzende Blätter. An der Oberseite sind sie blaugrün, an der Unterseite mit kleinen Schuppen besetzt und silbrig. Mit vielen uns bekannten Zierpflanzen wie Forsythie, Jasmin, Liguster und Flieder bildet er die Familie der Ölbaumgewächse.

Mehr noch als Tempel und Säulen prägt der Ölbaum das Gesicht der Mittelmeerlandschaft, deren Hügel er seit unendlichen Zeiten mit einer silbergrauen Farbe überzieht.

Mit Recht gilt die Grenze seiner Verbreitung als die Grenze der Mittelmeerwelt. Im Wuchs und im Laub, nicht aber in der Größe, erinnert er an unsere heimischen Silberweiden.

Für die Ausreifung der Früchte ist eine lange, sommerliche Trockenheit notwendig. Zu einem bestimmten Maß werden aber auch winterliche Kältegrade, wie im kastilischen Hochland, gut ausgehalten. Die Krone ist wie bei allen Bäumen, die viel Licht brauchen, dünn und spärlich.

In den oft uralten Ölbaumpflanzungen finden sich auffallend bizarre Stammfor-

Weiden im Altmühltal: Wenn der Wind die Blätter der Silberweiden oder der Ölbäume bewegt und die Blattoberseiten im Wechsel mit den hellen Unterseiten das Licht reflektieren, entsteht der lebendige silbrige Glanz.

Delphi: Pinien, Zypressen und Ölbäume prägen die griechische Landschaft.

men. Solche Bäume scheinen manchmal wie auf Stelzen zu stehen. Hier ist ein Pilz im Spiel, der gerne ältere Bäume befällt. Faulstellen, die dadurch entstehen, werden mit der Axt entfernt und tiefe Wunden sind die Folge. Aber die unverwüstliche Lebenskraft sorgt für ein schnelles Ausheilen, wobei sich dann die merkwürdigen Formen ergeben.
Der Ölbaum gilt als die langlebigste Kulturpflanze. Im Garten von Gethsemane in Jerusalem soll noch ein Ölbaum aus der Zeit Christi wachsen.
Das Holz des Olivenbaumes wird gern zu Schnitzereien verwendet. Es ist beliebt wegen seiner Maserung und seiner Polierfähigkeit. In den Klöstern am Berg Athos fertigen die Mönche aus ihm Bestecke, Teller und Schüsseln.
Olivenhaine sind künstliche Lebensgemeinschaften. Zwischen den Baumreihen wird Getreide angebaut. Im Frühling überraschen Olivenhaine durch einen reichen Blumenflor aus Traubenhyazinthen, Wildtulpen, Gladiolen und Orchideen. Meist sind es Knollen - und Zwiebelgewächse, die rasch noch vor der sommerli-

Blüten des Olivenbaumes.

Panathenische Ölamphore um 480 v. Chr. Der Erhaltungszustand ist oft erstaunlich gut, denn die schönsten wurden den Verstorbenen als Grabbeigabe mitgegeben.

Dame mit Olivenkranz, Ausschnitt aus einem Wandfresco in der Villa Misteri, Pompei.

chen Dürre zum Blühen und Reifen kommen.

Der Nordländer ist erstaunt, wenn er zum ersten Mal eine Olive vom Baum pflückt und feststellt, dass die Steinfrüchte im frischen Zustand völlig ungenießbar sind. Die Früchte werden erst dann essbar, wenn sie in Fässern mit Salz und Gewürzen eingelegt werden. Sie sind dann eine beliebte Beikost zu Salaten.

Meistens gewinnt man aber in Ölmühlen durch Pressen das Öl. Neben der Ölpalme ist der Ölbaum die einzige Nutzpflanze, bei der aus dem Fleisch der

Replik zweier Öllampen aus Cambodunum (Kempten).

Theater von Delphi.

Zweige des Olivenbaumes.

Frucht das Öl gepresst wird, bei allen anderen sind es ausschließlich die Samen. Das älteste schriftliche Zeugnis für den Olivenbaum ist die Genesis: Eine Taube verkündet mit einem Ölzweig im Schnabel das Ende der Sintflut und des göttlichen Zorns. Seitdem ist der Ölbaum ein Friedenszeichen. Auch das Licht symbolisiert er, denn die Öllampen der Antike waren mit seinem Öl gefüllt. Seine Beere ist „die Speise, die Licht gibt".

Wasser, Brot, Wein und Öl waren seit jeher die Grundlage der Ernährung in den Mittelmeerländern. In der christlichen Liturgie haben sie eine symbolhafte Bedeutung, so in der Taufe, Firmung und in anderen Sakramenten. Früher wurden die Könige als Zeichen der Stärkung mit Öl gesalbt. Heute noch bringen die Griechen Fläschchen mit Öl und Wein zu den Gräbern der Ahnen als Zeichen, dass sie nicht vergessen sind. Öl, in großen Amphoren abgefüllt, war der große Exportschlager der Antike. Der Reichtum Athens beruhte vor allem auf dem Export von Geschirr, Wein und Olivenöl. Auf dem Rückweg transportierten die Schiffe Getreide in den volkreichen Stadtstaat.

Nachdem die Arche am Berg Ararat aufgesetzt hatte, wartete Noah noch sieben mal sieben Tage, bis er eine Taube aussetzte. Sie kehrte am Abend zurück und hatte einen frischen Ölzweig im Schnabel. Nun wusste Noah, dass der Zorn Gottes verraucht war. Seitdem sind Taube und Ölzweig Zeichen des Friedens.

Blüte der Forsythie: Der häufige Zierstrauch ist ein naher Verwandter des Ölbaumes.

Die Rainweide oder der Liguster

Liguster und Ölbaum gehören derselben Familie an. Doch der Schritt vom hochgeehrten Ölbaum zum gewöhnlichen Liguster erscheint einem wie der Abstieg vom Erhabenen zum Gemeinen. Trotzdem für unsere Gärten spielt der Liguster eine wichtige Rolle.
Wie der deutsche Name schon verrät, eignet er sich hervorragend für die Abgrenzung von Grundstücken. Sein wissenschaftlicher Name leitet sich vermutlich vom Lateinwort „ligare" ab, was soviel wie binden bedeutet. Tatsächlich wurden die weidenähnlichen, biegsamen Triebe früher zum Körbeflechten verwendet.

Der Gewöhnliche Liguster, *Ligustrum vulgare,* ist eine beliebte und robuste Heckenpflanze. Seine rundlichen, schwarzen Steinfrüchte sind nicht essbar. Meist lässt er schon im Frühwinter sein

Labyrinth im Garten der Villa Pisani bei Padua. Wer zum Mittelpunkt findet und den Turm besteigt, kann zu Füßen der Minerva, Göttin der Weisheit, seine Irrtümer erkennen und seinen Weg rekonstruieren.

Oben: In der Wintersonne strahlen die Blätter von *Ligustra vulgare* 'Atrovirens' in einem violettbraunen Bronzeton.

Laub fallen. In dieser Hinsicht ist ihm die Sorte 'Atrovirens' überlegen. In geschützten Lagen bleiben seine Blätter bis zum Neuaustrieb im Frühjahr hängen. Sein grünes Laub nimmt dann im Winter einen metallisch glänzenden, violettbraunen Ton an.

Noch hübscher als die gewöhnliche, schmalblättrige Rainweide ist der ovalblättrige Liguster, *Ligustrum ovalifolium,* aus Japan. Von ihm gibt es auch buntblättrige Varietäten wie zum Beispiel 'Aureum' und 'Argentum'. Freiwachsend werden sie baumartig sieben Meter hoch und sind auch im Winter eine bunte Zierde des Gartens. Der ovalblättrige Liguster unterwirft sich auch willig jedem Formschnitt und eignet sich hervorragend für kunstvoll geschnittene Hecken (Villa Pisani).

Ligustra ovalifolium 'Aurea': Frost und Kälte verstärken noch seine Farbigkeit. Doch in strengen Wintern verliert er Blatt auf Blatt.

Die schmalen Ligusterheckengänge des Labyrinths von Pisani sind zusammen sechs Kilometer lang.

Blätter und Früchte des Kugelligusters. Die Beeren verraten die nahe Verwandtschaft zum Ölbaum.

Blüte des Kugelligusters.

Die Raupen des Ligusterschwärmers, *Sphinx ligustri*, ernähren sich vom Liguster. Der kräftige Körper und die schmalen Flügel weisen den Schwärmer als hervorragenden Flieger aus.

Früchte des Gewöhnlichen Ligusters.

Einer der besten immergrünen Bäume für die Klimazone 7 ist der Baumliguster, *Ligustrum lucidum.* Er wird schnell bis neun Meter hoch und bildet besonders blühend ein Schmuckstück im Garten. Den für manche Nasen unangenehmen Ligustergeruch der Blüten muss man dann in Kauf nehmen.

Aus dem südwestlichen China kommt der Kugelliguster, *Ligustrum delavayanum.* In der Natur wächst er als buschiger Strauch, in Kultur ist er jedoch ein durch Aufpfropfen hochstämmiges Zierbäumchen mit Kugelkrone. Da er bei uns nicht immer ausreichend frosthart ist, wird er meist nur als Kübelpflanze gezogen. Er hat von allen Ligusterarten die kleinsten Blättchen, deshalb lässt er sich perfekt schneiden und trimmen und übertrifft darin sogar noch den Buchsbaum.

Einer der eindrucksvollsten einheimischen Schmetterlinge ist der Ligusterschwärmer. Er hat seinen Namen daher, weil sich seine Raupen vornehmlich von Liguster, Flieder und Forsythie ernähren, also alles Angehörige der Ölbaumgewächse. Die Schwärmer selbst haben sich auf die drei Zentimeter langen Blütenröhren der Lonicera-Arten wie Jelängerjelieber und Waldgeißblatt spezialisiert.

Es ist für jeden Naturfreund ein immer wieder faszinierendes Schauspiel, wenn die Schwärmer blitzartig heranschießen, von Blüte zu Blüte „springen", wie Kolibris sekundenlang im Schwirrflug vor ihr „stehen", den langen Rüssel entrollen und unter kurzem „Trommeln" mit der Rüsselspitze in die Blütenmündung einfädeln.

Eine merkwürdige Geschichte über die Herstellung von Wachs wird aus dem alten China berichtet. In einem Tal in Westchina schlüpfen auf den Blättern der chinesischen Esche, *'Fraxinus sinensis',* Wachsschildläuse. Man sammelte sie ein und Kulis brachten die Insekten in mehreren Nachtmärschen, damit die Tageshitze vermieden wurde, in neue, 300 Kilometer entfernte Weidegründe, nämlich auf die Blätter von Ligusterbäumen.

Auf ihnen gediehen die Tiere besonders gut und überzogen die Ligusterzweige reichlich mit Wachs, aus dem man Kerzen herstellte. Fast könnte man meinen, dass die Insekten „wissen", dass Eschen und Liguster derselben Familie angehören.

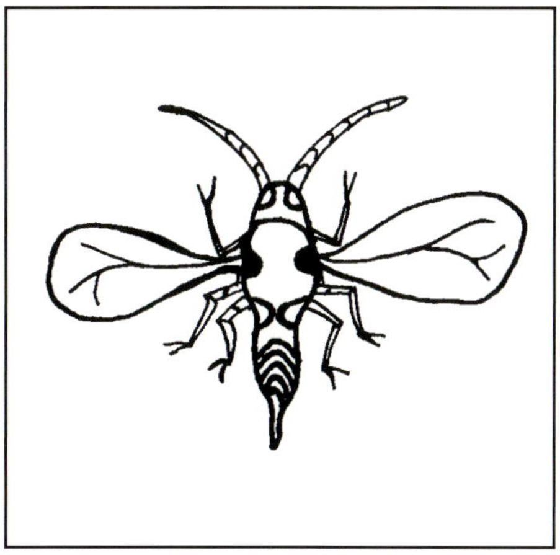

Bei den Schildläusen weisen nur die Männchen den insektentypischen Körperbau auf, während die Weibchen ohne Flügel, Fühler und Augen sind. Nur lange Stechborsten dienen ihnen als Sinnesorgane. Die Weibchen sind geschlechtsreif gewordene Larven, die an Pflanzenteilen saugen. Im Vergleich zu den Männchen fehlt ihnen eine Häutung. Zum Schutz vor Feinden scheiden sie eine wachsähnliche Substanz aus. Die Wachsschildlaus gehört zu den wenigen Insektenarten, die der Mensch sich nutzbar gemacht hat.

Meist hält man den Kugelliguster in Kübeln. Nur mit Glück übersteht er, im Freiland eingepflanzt, einige Winter.

Die Steinlinde

Die Steinlinde, *Phillyrea latifolia,* ist eine Charakterpflanze der Macchia. Freistehend erreicht sie eine Höhe von fünf Meter. Sie wirkt dann wie eine Miniaturausgabe der Steineiche, *Quercus ilex.* Bei uns müssen die jungen Pflanzen im Winter noch zusätzlich geschützt werden. Der Baum trägt vom späten Frühjahr bis in den Sommer dichte Büschel cremegelber Blüten (Klimazone 7).

Mit der Linde hat die Steinlinde botanisch nichts zu tun, sondern sie ist verwandt mit dem Ölbaum. Der Name ist historisch bedingt. Im Altertum verwendete Plinius der Ältere die Bezeichnung „Philyra" für die Linde. Die Ähnlichkeit des Wortes zu Phillyrea mag zum deutschen Namen beigetragen haben. Die Italiener nennen die Steinlinde Fillirea oder Olivastro.
Plinius der Ältere, geb. 23 n. Chr. in Como, sammelte das Wissen seiner Zeit

Plinius der Ältere beim Schreiben, unten überreicht er Kaiser Titus sein Werk. Miniatur aus einer französischen Handschrift der „Naturalis historia" um 1150.

Blätter der Steinlinde.

und vervielfältigte es in seiner Schreibschule. Seine biographischen, historischen und kriegswissenschaftlichen Schriften sind verloren gegangen. Erhalten ist aber seine Naturgeschichte (Naturalis historia), in der er alle Erscheinungen der Natur enzyklopädisch darstellt.

Sein Tod ist mit dem Untergang von Pompei (79 n. Chr.) verknüpft. Einen ausführlichen Brief über die Geschehnisse verfasste sein Neffe Plinius der Jüngere: „Der Onkel, Befehlshaber der kaiserlichen Flotte in Misenum, sah über dem Meer eine Wolke von ungewöhnlicher Gestalt und Größe, gleich einer Pinie. Trotz der sichtbaren Gefahr ließ er ein Kriegsschiff unter Segel setzen mit der Absicht, Hilfe zu bringen und die Naturerscheinung zu erforschen.

Doch nach der Landung in Stabiä verschlimmerte sich die Lage. Schwefelgeruch breitete sich aus und es begann Asche und Steine zu regnen. Deshalb schützten die Männer ihre Köpfe mit Kissen und versuchten das Meer zu erreichen. Eine Rückfahrt war aber wegen der Dunkelheit und der stürmischen See nicht möglich. Durch die Anstrengungen verlor der beleibte Plinius die Besinnung und verschied."

Blätter und Blüten der Steinlinde.

Hauptstraße von Pompei. Eine eigentümliche Stimmung liegt über der Stadt, die nach 2.000 Jahren in der Erde wieder dem Tageslicht ausgesetzt ist.

Die Zitrusbäume

In Mythen, Märchen und Sagen ist der Garten mit den verbotenen Früchten ein häufiges Motiv, ob es der Baum des Lebens im Paradies ist oder der Garten mit den verbotenen Früchten im Märchen von Rapunzel oder die griechische Sage von den Hesperiden, die Herakles helfen, die goldenen Äpfel zu gewinnen, indem sie den als Gartenwächter bestellten Drachen mit einem Zaubertrank einschläfern.

Dabei ist es oft nicht unterscheidbar, ob die Erzähler, beziehungsweise Maler, Äpfel oder Orangen oder andere runde Früchte meinten.

Die leuchtend gelben, kugelrunden Zitrusfrüchte haben die Phantasie der Menschen seit der Antike angeregt. Glück und Wohlstand identifizierte man mit einer goldenen Kugel und keine Frucht leuchtet goldener als die Frucht der Zitrusbäume. Die Kugel ohne Ecken und Kanten war Sinnbild der vollkommenen Harmonie. Dazu machte die Seltenheit und exotische Herkunft die Früchte besonders begehrenswert.

Die ursprüngliche Heimat der Zitrusfrüchte ist das wärmere Asien. Vermutlich zum ersten Mal von der Existenz dieser Fruchtbäume hörte man in Europa durch den Zug Alexanders an den Rand der damals bekannten Welt. In den Gärten Persiens wurde die Zitronatzitrone in der Folgezeit kultiviert und in pompejianischen Wandgemälden dargestellt.

Die Orange ist heute die wichtigste Art aller Zitrusfrüchte. In der Schale sind zahlreiche drüsige Vertiefungen, die ätherische Öle enthalten. Die schwammige, markhaltige Innenschicht ist meist bitter. Das gelbe oder rötliche Fruchtfleisch ist in fünf bis zwölf Kammern eingeteilt. Die einzelnen Segmente enthalten die Samen. Letztere hat man allerdings vielen Kultursorten abgezüchtet. Bei den Navelorangen sitzt am unteren Pol eine kleine Nebenfrucht, die außen an dem Nabel (englisch: navel) zu erkennen ist.

Insel Mainau: Zitrusbaum in einem Kübel nach historischem Vorbild.

Die Navelorangen besitzen eine kleine Nebenfrucht.

Die Orange fand erst spät den Weg nach Europa, vermutlich erst im 15. Jahrhundert nach der Umschiffung des Kaps der Guten Hoffnung durch die Portugiesen. Man nannte sie Apfel aus Sina (China). Daraus wurde Apfelsine. Der ebenso gebräuchliche Name Orange geht auf das Sanskrit zurück, nämlich das Wort „Narunga".

Im 17. und 18. Jahrhundert wurde der Orangenbaum Modebaum im nördlichen Europa. Könige und Fürsten bauten nach dem Vorbild von Versailles prächtige Schlösser mit weiträumigen, bis ins Detail geplanten Gärten im symmetrischen Stil. Kerzengerade Wege, lange Kanäle und strenggeschnittene Hecken und Kübelbäume in Reih und Glied dienten als Szenarium für prächtige Aufzüge. Nicht nur die Menschen, sondern auch die Natur hatten sich dem absoluten Willen der Fürsten zu beugen.

Die besondere Attraktion waren Orangenbäume in Kübeln. Für die Überwinterung baute man extra Häuser, die sogenannten Orangerien. Über den Umfang vieler Sammlungen macht man sich heute kaum noch eine Vorstellung. Zum Beispiel standen in der Orangerie von Sanssouci zur Zeit Friedrichs II. achthundert Stämme von Zitrus-Arten, während der Baron von Münchhausen zweihundert Bäume angibt. Auch große Bäume wurden mühsam über weite Strecken bewegt. 1730 wird von einem Transport mehrerer „prachtvoller" Orangenbäume von Sardinien nach Ludwigsburg berichtet.

Gerne wird heute der Orangenanbau nördlich der Alpen als Ausdruck des fürstlichen Luxus betrachtet. Doch der wirtschaftliche Wert darf nicht unterschätzt werden. So zählte ein Zeitgenosse 1835 in

Rechts oben: Orangerie in Kempten: Auch kleinere Fürstenhöfe bestanden aus dem Dreiklang Residenz, Hofgarten und Orangerie. In der Mitte der Raum für die Überwinterung, die Flügel beherbergten Amtsräume und Wohnungen.

Die im Sommer noch grünen Orangen reifen erst im Winter und färben sich goldgelb.

Oben: Die Limonenterrassen (Limonaia) in Limone am Gardasee. Zwischen Felswand und See sind sie der Morgensonne zugewandt.

Die Steinpfeiler sind die Stützen für die Schutzdächer.

Zitrusblüte

der Orangerie zu Oranienburg auf dreißig Bäumen etwa 8000 Früchte pro Jahr. Schlossverwaltungen, Städte und Gemeinden verzichten heute meist auf die Präsentation von Orangenbäumen, da die Früchte in den öffentlichen Gärten bald verschwinden würden. Hingegen sind Privatleute kaum in der Lage, so große Pflanzen zu ziehen und zu überwintern. Sie müssen sich heute mit den kleinen Ziersorten bescheiden.

Überwinterungsräume des 16. Jahrhunderts. Große Fenster belichten die Pflanzen nur von einer Seite. Holzöfen an der Seite verhindern Minustemperaturen.

Mitte: Nach dem Siegeszug Alexanders erfuhr man von bislang unbekannten Früchten. Detail aus dem Mosaik, das man in Pompei fand.

Noch früher als die Orange gelangte die Zitrone in den Mittelmeerraum. Pilger und Handelsleute brachten sie zur Zeit der Kreuzzüge nach Genua. Die nördlichsten Zitronenkulturen gab es einst in Limone, ein Ort am Gardasee, eingezwängt zwischen Wasser und steilen Felswänden. Die Zitronengärten gaben dem Ort seinen Namen.
Doch als die ersten Eisenbahnen in Italien gebaut wurden, kamen nun billige Zitronen aus Sizilien nach Norden, so dass sich der Anbau am Gardasee immer weniger lohnte.
Anfang der Achtzigerjahre erregten die Zitronen von Limone wieder Aufsehen. Ihr außergewöhnliches hohes Alter verdankten die Dorfbewohner, so mutmaßte die Fachpresse, möglicherweise ihren Ernährungsgewohnheiten, die vor allem auf Fisch, Olivenöl und Zitrusfrüchten beruhten.
Die Zitronenlimonade war ein Hauptprodukt der Zitrone. Wie der „weiße Schimmel" so ist das Wort Zitronenlimonade eine Tautologie, denn Limonade sagt bereits, dass es sich um ein Zitronengetränk handelt.

Mit der Zitrone eng verwandt ist die Zitronatzitrone, *Citrus medea.* Sie war seit Alexander als Medea-Apfel in der Antike bekannt. Medien war eine antike Landschaft im Nordwesten Persiens. Sie ist der Zitrone sehr ähnlich, jedoch strauchartiger und hat größere Früchte. Sie wurde vor allem zu Zitronenwasser und zu kandierten Früchten verwertet. Neben den drei erwähnten Citrusfrüchten gibt es noch eine Menge weiterer Arten und Sorten, wie Mandarinen, Bergamotten, Clementinen, Pampelmusen und Grapefruits.

Links: Schloß Schönbrunn: Nach der siegreich abgewehrten Türkenbelagerung von 1683 erstellte Joh. Bernh. Fischer den Plan, ein großes Gartenschloss, mehrfach größer als Versailles. Bis 1717 wurde ein reduzierter Plan verwirklicht.

Oben: Auf der Insel Mainau wachsen zur Überraschung der Besucher auch im Freiland Orangenbäume. Allerdings werden diese im Winter durch mobile Glashäuser geschützt.

Die Skimmia

Wie die Zitruspflanzen gehört auch die *Skimmia japonica* zu der Familie der Rautengewächse, doch trotz dieser Verwandtschaft hat sie bei weitem nicht ihre Wichtigkeit. Nicht einmal ein eigener deutscher Namen hat sich für sie eingebürgert.

Die bis 1,5 m hohen Sträucher kommen aus Ostasien und ähneln in ihrer Wuchsform sehr den Lorbeersträuchern. Im Gegensatz zum Lorbeer sind die Blätter aber immer glattrandig. Dazu sind in den Blättern winzige Öldrüsen eingelagert, die bei durchscheinendem Licht als Pünktchen sichtbar sind. Auch beim Zerreiben duften die Blätter ätherisch.
Am Ende der Zweige wachsen die stark riechenden Blüten, die zu großen Rispen zusammengefasst sind. Daraus entwickeln sich in großen Mengen hochrote, leicht kantige Steinfrüchte, die nur erbsengroß sind.
Die Skimmia ist an geschützten Stellen im Freiland ausreichend frosthart. Häufig sieht man sie als Kübelpflanze, dann muss sie im Kalthaus überwintert werden.

Links oben Zitrusblatt und rechts oben Skimmiablatt: Bei durchscheinendem Licht werden bei beiden die Öldrüsen als Pünktchen sichtbar. Das zeigt ihre nahe Verwandtschaft.

Die anderen drei Bilder: Blüten, Blätter, Knospen und Früchte der Skimmia.

Das Baumgänseblümchen

Eigentlich ist das Wort Baumgänseblümchen ein Widerspruch in sich selbst, denn das Gänseblümchen ist für uns ein Synonym für Bescheidenheit, doch hier scheint es eine Verbindung mit einem Baum eingegangen zu sein.

Die Gattung *Olearia* gibt es in etwa 100 bis 130 Arten. Ihre Heimat ist Neuguinea, Australien und Neuseeland. Dort bilden sie Sträucher oder mehrere Meter hohe Bäume. Die gänseblümchenähnlichen Blütenstände stehen in dichten, verzweigten Rispen. Im milden Meeresklima wachsen sie im Freien, in Mitteleuropa muss man sie aber im Kalthaus überwintern.

Der Gattungsname *Olearia* hält die Erinnerung an Adam Ölschläger (latinisiert Olearius) aufrecht. Er lebte von 1599 bis 1671, war ein deutscher Schriftsteller, Bibliothekar und Mathematiker. Als Dolmetscher begleitete er Gesandtschaften des Herzogs Friedrich III. von Holstein - Gottdorf nach Russland und Persien (1631-1639). Er gilt als Begründer der wissenschaftlichen Reisebeschreibungen. Auch als Übersetzer von persischer Literatur macht er sich einen Namen. 1647 erschien sein Buch: „Offt begehrte Beschreibung der Newen Orientalischen Reise“. Als erster erkannte Olearius auch die Verwandtschaft zwischen der persischen und der deutschen Sprache.

Oben: *Olearia macrodonta*. Der kräftige Strauch hat eine hellbraune Rinde und Blätter, die denen der Stechpalme ähneln. Die Pflanze bringt im Frühjahr Dolden weißer Blüten hervor.

Unten: Löwenzahn, *Leontodon officinale*. Im Mai ist die große Zeit der Korbblütler. Dann sind die Wiesen ein gelbes Blütenmeer. Der Zusammenschluss vieler kleiner Blüten zu einer Werbe- und Produktionsgemeinschaft ist bei den Korbblütlern perfektioniert. Deshalb sind sie eine besonders erfolgreiche Pflanzengruppe.

Oben: Unser einheimisches Gänseblümchen (Belis perennis) gehört wie *Olearia* zu den Korbblütlern. Fast alle Angehörigen der Familie sind krautartig. Die immergrüne Gattung *Olearia* bildet eine Ausnahme.

Der Efeu

Als Stütze für das Vogelhaus und als Rankhilfe für den Efeu erfüllt der Fichtenstamm noch einige Zeit seinen Dienst.

Der Efeu ist kein Baum und kein Strauch, sondern ein Klettergehölz. Jeder kennt ihn wegen seiner eindrucksvollen Blattform. Die Blätter sind im Jugendstadium hellgrün, später dunkelgrün, sie sind oft weißlich geädert und ein wenig glänzend. Ihre Form ist sehr variabel. Blätter an jungen Trieben sind meist dreilappig, später werden sie mehr fünflappig, rautenförmig und oval. Der Efeu, *Hedera helix,* ist in ganz Europa verbreitet. Mit den Haftwurzeln, die sich auf der dem Licht abgewandten Seite entwickeln, klettert er an Baumstämmen, an Felsen und Mauern empor. Die Haftwurzeln sind ihrer ganzen Anlage nach mit den gewöhnlichen Wurzeln identisch, nur eben in ihrer Längen- und Dickenentwicklung zurückgeblieben. Man kann sie deshalb als „gehemmte Endwurzeln" bezeichnen. Im Experiment kann man durch Feuchtigkeitserhöhung und Lichtentzug erreichen, dass sie wieder zu Bodenwurzeln auswachsen.

Wer versucht, den Efeu von seiner Unterlage zu lösen, ist erstaunt über die Kraft der winzigen Haarwurzeln. In jeder Fuge und jedem Riss zwängt er sich hinein. Eine Schmarotzerpflanze wie die Mistel ist er aber nicht. Nährstoffe und Wasser holt er sich selbst aus der Tiefe des Bodens. Im Gegensatz zum Baumwürger schnürt er Stämme und Zweige nicht ein. Schädlich kann er nur in Einzelfällen werden, wenn das Gewicht der Efeuranken zu schwer für den Trägerbaum wird.

Die jungen Efeupflanzen scheuen das Licht. Sie bevorzugen die Schattenseiten. Man spricht von einem negativen Phototropismus. Doch gegen Ende des Som-

Hedera helix 'Hibernica', Irischer Efeu. Er ist großblättriger und in der Blattform beständiger als die Nominatform. Oft wird er auch als eigene Art, *Hedera hibernica*, bezeichnet.

Hedera helix 'Purpurea', im Winter sich rot färbend.

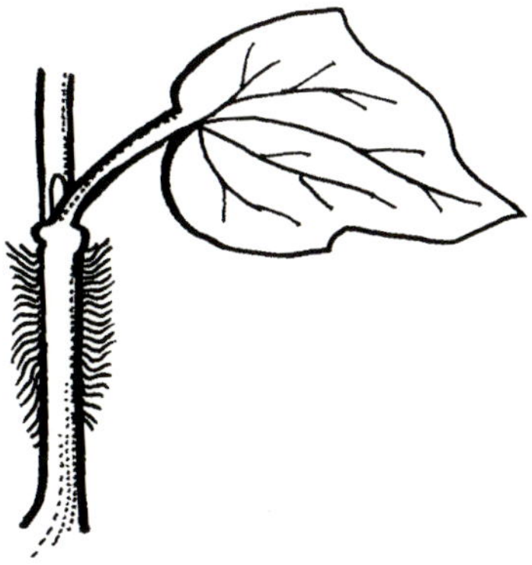

Hedera cholchica, Kaukasus-Efeu.

Mitte: *Hedera helix*, Gewöhnlicher Efeu.

Hedera helix 'Gold Heart', Goldherz.

Mitte: *Hedera helix*, die Efeuranken verhüllen und enthüllen eine Skulptur.

Mauerturm von Efeu überwachsen in Leutkirch: Während Bäume oft Gegenspieler zu einem Bauwerk sind, ist der Efeu eher ein Mantel oder zweite Haut.

mers erscheinen auf den höher gelegenen Teilen der alten Pflanzen Zweige ohne Haftwurzeln, die sich der Sonne zuwenden (positiver Phototropismus).
Der Efeu kann sehr alt werden, es wird sogar von mehrhundertjährigen Exemplaren berichtet, die an alten Burgtürmen wachsen und deren stark verzweigte Stämme eine ansehnliche Dicke erreichen.
Vom Efeu berankte Hausfassaden verleihen den Gebäuden eine anheimelnde Atmosphäre. Sie tragen zur Steigerung der Wohn- und Lebensqualität bei und sind auch Lebensraum für viele Insekten, Kleinsäuger und Vögel. Bachstelze, Sperling, Fliegenschnäpper, Zaunkönig und verschiedene Eulenarten benutzen den Efeu gerne als Nistplatz. Auch als Bodengrüner zeigt er im Schatten von Bäumen ein prachtvolles Blattmosaik.
An den Spitzen der Zweige wachsen kugelige, grünlich gelbe Dolden. Sehr spät, oft erst im Oktober, öffnen sich die Blüten. An sonnigen Tagen herrscht dann an den dunkelgrünen Efeuwänden ein reges Treiben. Noch im November werden die Dolden von den Bienen beflogen. Der glückliche Umstand, bei ihren letzten Ausflügen noch Nahrung zu finden, wird von den Imkern freudig begrüßt. Erst im folgenden Jahr reifen die kugeligen, schwarzen Früchte.
Wenn man die Altersform abschneidet und zur Bewurzelung bringt, entstehen kleine strauchige Gewächse mit ganzrandigen Blättern. Sie finden nicht mehr zur Jugendform zurück und blühen und fruchten an allen Teilen. Daraus lassen sich schöne Bäumchen oder Sträucher ziehen, die von den Baumschulen als *Hedra helix* 'Arborescens' angeboten werden.
Wie Eiche und Ölbaum gehört auch der

So beharrlich der Efeu in seiner Kletterkunst ist, so untreu ist er seiner Blattgestalt: Fast scheint es so, weil er auf Stamm und Baumgestalt verzichtet, legt er seine ganze Individualität in die Blattform. Die Blattsammlung ist das Ergebnis eines kleinen Spazierganges.

Efeu zu den sogenannten berühmten Pflanzen, die jeder kennt und die in der Geschichte seit jeher eine größere Rolle gespielt haben. Zuerst seine Namen: englisch ivy, italienisch dera, französisch lierre, spanisch hiedra, althochdeutsch ebah, angelsächsisch iflg, latein hedera. Bei den romanischen Bezeichnungen lässt sich eine Verwandtschaft zum lateinischen prahendere (= fassen) herstellen. Der Artname helix kommt aus dem Griechischen (helissein = binden, umfassen).

Den römischen Priestern war es verboten, den Efeu zu berühren, denn er hätte sie gefangen halten können. Dabei war auch

Links: Auch das Abweichen von der Norm bringt Vorteile. Der Efeu blüht, wenn andere fruchten und fruchtet, wenn andere blühen. Für Bienen und Amseln ist er zu seiner Zeit immer ein konkurrenzloser Anbieter von Nektar und Frucht.

Weinstock, Palme, Lilie und Rose fanden Eingang in die christliche Symbolik. Dem Efeu blieb diese Ehre wegen seiner Nähe zum Dionysoskult versagt.

Der Efeu ist kein Ranker und Schlinger, sondern dank seiner Wurzeln ein Kletterer.

Vergil schon bekannt, dass der Efeu keine Rankpflanze ist. Die Hartnäckigkeit, mit der der Efeu Mauern, Gärten und Wälder grün überwuchert, hat die Menschen der Antike stark beeindruckt. So erhoben sie ihn zu einer mystischen Pflanze.
Damals war es wie heute. Überließ man Heiligtümer, Brunnen und Kapellen einige Zeit sich selber, so waren sie bald von dem grünen Efeu überzogen. Kultur und Natur waren wieder miteinander versöhnt. Auch wenn prächtige Bauwerke zu Ruinen zerfallen, mildert der grüne Mantel den Eindruck der Zerstörung zu einem angenehmen Gefühl, das wir Melancholie nennen.
Dem treuen Liebespaar Philemon und Baukis weiß Zeus nichts Schöneres zu geben als die gemeinsame Todesstunde und ein Auferstehen als Eiche und Efeu, deren Zweige sich innig ineinander verflechten.
Die Griechen nannten den Efeu „kissos" und er war ebenso wie die Weinrebe dem Dionysos geweiht. Großen Zulauf hatten die Feiern zu seinen Ehren. Dabei bekränzten sich die Jünger mit Efeuranken. Extrakte aus Efeu verstärkten die Wirkung des Weines. In den Symposien wurde der zu gleichen Teilen mit Wasser gemischte Wein aus Schalen getrunken. Jeder Gast brachte sein eigenes Trinkgeschirr mit.
Auch den Erdgottheiten Demeter und dem Waldgott Pan war der Efeu zugeordnet. So war der Efeu stark mit dem Glauben der Antike verhaftet. Der Kirchenlehrer Clemens von Alexandrien ruft einem Anhänger des Dionysoskult zu: „ Komm du Betörter, bekränze dich nicht länger mit dem Efeu. Wirf weg die Stirnbinde, streife ab das Hirschfell und werde nüchtern! Ich will dir den Logos zeigen und ihn dir deuten." Vermutlich deshalb fand der Efeu keine Aufnahme in die Reihe christlicher Symbole wie Weinstock, Lilie, Rose und Palme.
Erwähnt sei noch die Efeuaralie als eine Besonderheit. Während in der Regel nur Hybriden zwischen den Arten derselben Gattung zustande kommen, ist sie ein Bastard zwischen zwei Gattungen der Kraftwurzgewächse, nämlich *Hedera helix* und *Fatsia japonica.* Das Ergebnis ist eine beliebte Zimmerpflanze, die auch im Spätsommer blüht, aber keine fruchtbaren Samen hervorbringt. Die Blätter sind fünflappig und glänzend grün. Die Neigung zum Klettern ist nicht vorhanden.

Rechts: Der Efeu klettert nicht nur, sondern klebt sich auch an Bäume und Felsen. Die Triebe scheiden einen Saft aus, der zu einer zementartigen Masse erstarrt und die Äste an die Unterlage klebt.

Attisches Vasenbild um 430 v. Chr. Die Gäste lagern auf Bänken. In einer Komödie des Eubolos spricht der Weingott Dionysos zu seinen Jüngern: „Drei Becher mischt ich den Wein, den ersten dem Durst, den zweiten der Freundschaft, den dritten dem guten Schlaf, dann geht der Kluge nach Hause."

Portal im Stil der Gründerzeit, von Efeu umrahmt, München, Botanischer Garten.

Die Efeuaralie, ein Gattungsbastard und beliebte Zimmerpflanze.

Kaukasus-Efeu, *Hedera colchica*, der ovale, glattrandige Efeu ‚hier in einer bunten Form, ist etwas kälteempfindlicher als der Gewöhnliche Efeu.

Der Eukalyptus

Mit 600 Arten gehört der Eukalyptus zu einer Riesengattung. Mit wenigen Ausnahmen stammen sie aus Australien. Heute allerdings wird er in vielen subtropischen Gebieten angebaut. Vor der Entdeckung des Malariaerregers glaubte man lange Zeit, dass man durch die Anpflanzung des „Fieberbaumes“ die Malaria bekämpfen könne. Tatsächlich verbrauchen die Bäume viel Wasser und tragen so dazu bei, die Sumpfgebiete trocken zu halten und damit die Brutstätten der Fiebermücken zu beseitigen. Ob auch der Geruch des Eukalyptus die Mücken vertreibt ist fraglich. Die Bäume enthalten in besonderen Drüsenapparaten ätherische Öle. Sie zeigen sich als helle Flecke, wenn man die Blätter gegen das Licht hält. In der Medizin wird das Öl zur Bekämpfung von Husten, Bronchitis und Asthma verwendet.
Die Eukalyptusbäume halten mit dem Mammutbaum aus Kalifornien den Höhenweltrekord. Zuverlässig wurde am gefällten Stamm 114 Meter Baumhöhe gemessen, doch es wird auch von 156 Meter hohen Exemplaren berichtet.
Schon immer hat man nach der „Pumpe“

Die holzigen Samenkapseln des Eukalyptus gefallen durch ihre orginelle Form.

Oben: Der Bau der Knospen ist eine Schutzmaßnahme gegen die hungrigen Sittiche und Papageien des australischen Kontinents.

gesucht, die den Aufstieg des Wassers von den Wurzelspitzen bis zu den Blättern in dieser Höhe ermöglicht. Es sind gleich drei physikalische Phänomene, die das bewerkstelligen, nämlich Osmose, Kapillarwirkung und Saugkräfte. Jede für sich allein kann die erstaunlichen Leistungen nicht vollbringen, wohl aber die Kombination. Freilich ist es wissenschaftlich immer noch nicht geklärt, wie sich die drei Kräfte kumulieren und potenzieren.
Dem Vorteil des raschen Wachstums steht die Qualität des Holzes entgegen. Es eignet sich schlecht für Balken und Bretter, da es stark arbeitet und leicht reißt.
Die Gattung *Eucalyptus* zeichnet sich durch ausgeprägte Unterschiede zwischen den Jugend- und Altersblättern aus. Ihre Jugendblätter sind gegenständig und oft von ganz anderer Gestalt (häufig ovalrund und ohne Stiel) als die wechselständigen, weidenblattförmigen Altersblätter. Am Tage stellen sich die bläulichweiß bewachsten Blätter parallel zu den einfallenden Lichtstrahlen, so dass die Bäume nur wenig Schatten werfen. Demzufolge sind Eukalyptuswälder sehr hell. Ober- und Unterseite der Blätter unterscheiden sich nicht. So wie die Birken verlieren manche Eukalyptusarten die äußere Rindenschicht, das ergibt auf Stämmen und Ästen ein charakteristisches Schäl- und Fetzenmuster.
Eigenartig sind die Blütenknospen. Auf erstaunliche Weise sind sie gegen die gefräßigen Papageien und die Beuteltiere ihrer Heimat geschützt. Sie bestehen aus einem verholzten Achsenbecher mit einem ebenfalls verholzten Deckel. Irrtümlicherweise werden sie oft für die fertigen Früchte gehalten. Mit Beginn der Blüte wird der Deckel abgesprengt und die leuchtend gelb oder rot gefärbten Staubblätter kommen zum Vorschein. Auf den Knospenbau nimmt auch der griechische Gattungsname Bezug: Eu - calypto = wohl - zugedeckt.
Im Westen und Süden Europas wird vor allem *Eucalyptus globulus* forstlich angebaut. Für unsere Gärten ist der Schnee-Eukalyptus, *Eucalyptus niphophila,* besser geeignet, vor allem wenn es sich um Gebirgsklone von dem 2.230 Meter hohen Mount Kosciuska in Neusüdwales handelt. Am winterhärtesten ist die tasmanische Art, *Eucalyptus cocifera.*

Oben: Die wichtigste Nahrung für die Koalabären sind die schwer verdaulichen, ätherischen Blätter der Eukalyptusbäume.

Die verdreht weidenblattähnlichen Altersblätter von *Eucalyptus globulus.*

Eukalyptusbäume erkennt man nicht zuletzt an der Rinde. Die oberste Haut schält sich von selbst in Fetzen ab.

Die stiellosen, runden Jugendblätter von *Eucalyptus globulus.*

Das Baumgras oder der Bambus

Die Gräser sind eine besonders erfolgreiche Familie unter den Blütenpflanzen. Es gibt etwa 700 Gattungen und 8.000 Arten. Dabei ist die Familie der Gräser erdgeschichtlich noch recht jung. Zur Zeit der Saurier stand sie erst am Anfang ihrer Entwicklung. Damals war die Erde noch vornehmlich mit krautartigen, bärlappartigen und farnartigen Pflanzen bedeckt. Auf diese Gewächse war die Verdauung der Pflanzenfresser eingerichtet. Doch die nun sich zunehmend verbreitenden Gräser mit ihren zellulose- und silikathaltigen Fasern waren schwer verdaubar. Die Säuger, insbesonders die Paarhufer, lösten das Problem mit ihrem vierkammerigen Wiederkäuermagen. Durch diesen biologischen Vorteil war es ihnen möglich, den Giganten Brontosaurus und seine kleineren Artgenossen zu verdrängen.

Weite Landschaften der Erde sind heute mit Gräsern bedeckt. Sie sind die Grundlage einer eindrucksvollen Tierwelt. Denken wir an die Savannen in Afrika, die Steppen Eurasiens, die Prärien und Pampas in Amerika und die Almen der Bergregionen. Auch die Ernährung des Menschen ist ohne den Getreideanbau undenkbar. Durch Roden der Wälder und Anlegen von Wiesen und Äckern schafft er künstliche Graslandschaften.

Mit dem Namen Bambus bezeichnen wir mehrere Gattungen, die sich vor allem durch ihre Größe auszeichnen. Ihre Heimat ist Ostasien und Amerika, wo sie in den Gebirgen eine eigene Waldstufe aufbauen. Manche Arten können sogar dreißig Meter überschreiten. In ihrem Habitus ähneln sie stark den Gräsern. Die Stengel sind gegliederte, hohle, röhrenförmige Halme mit Knoten in regelmäßigen Abständen. Aus ihnen wachsen ein oder mehrere Seitensprosse. Die Wände der glatten, glänzenden Röhren sind verholzt und durch den hohen Gehalt an Silikaten nur schwer zu durchschneiden.

Trotzdem spielt er in seiner Heimat eine hervorragende Rolle als Baustofflieferant für Möbel, Baugerüste und Wasserleitungen. Übrigens, die Grammophonnadeln waren früher aus Bambus gefertigt und in der ersten Glühbirne Edisons glimmte eine haarfeine verkohlte Bambusfaser.

Das Phänomen der Bambusblüte erstaunte die Menschen seit jeher, aber nicht durch seine Pracht, sondern durch seine

Je älter Gräser und Bambusse werden, desto mehr übernehmen Seitenwurzeln die Versorgung der Pflanze.

Rechts: Nach einigen Jahren wachsen Bambushorste so dicht, dass in ihrem Inneren auch bei Tag Dunkelheit herrscht.

Mitte unten: Über die Ursache des Aussterbens des Dinosauriers ist schon viel gerätselt worden. Die zunehmende Verbreitung der Gräser spielt wohl auch eine Rolle.

Kohlenfadenglobelampe: Als Edison die Glühlampe erfand, benutzte er verkohlte Bambusfasern als Glühfaden, denn Kohle besitzt von allen Elementen den höchsten Schmelzpunkt.

Unberechenbarkeit. Bei der Blüte werden die Blätter gelb und die Rispen überziehen sich mit Schuppen, so dass manche meinen, es handle sich um eine Krankheit. Manche Bambusarten blühen regelmäßig alle zehn bis zwölf Jahre, andere alle hundert Jahre, dann oft gleichzeitig sogar auf der ganzen Erde, manche sterben nach der Blüte ab, andere erholen sich wieder. Die Gründe hierfür sind bis ins letzte noch nicht erforscht. Offensichtlich ist aber der Lebensrhythmus der Baumgräser genetisch streng determiniert. Bei einer gemeinsamen Entstehung, sei es geschlechtlich durch Samen oder vegetativ durch Klone, erfolgen Blühen und Vergehen für alle Abkömmlinge in festen Zeitabständen.

Auf die so mysteriöse Bambusblüte folgt die massenhafte Bildung von Bambussamen. Hierin liegt wohl der biologische Vorteil. Während sich andere Spezien in Flora und Fauna durch Ungenießbarkeit, durch Gift oder durch Fruchtverkapselung vor dem Gefressenwerden schützen, überlebt der Bambus nach dem Prinzip der „Big-Bang-Reproduktion“, wie die Biologen heute sagen. Fortpflanzung durch einen „großen Schlag“, ähnlich zu beobachten beim Lachs. Dessen Gesamtbestand überfordert die Fresskapazität seiner Feinde ebenfalls mit dem gleichzeitigen Absetzen des Laichs.

Beide, Lachs wie Bambus, sterben nach solchen Gewaltakten gleichermaßen an Erschöpfung. „Schädlingsübersättigung“ nennt man das Phänomen des sich „Schnell - und - viel - Fortpflanzens“. Es scheint eine wirksame Überlebensstrategie für jene Arten zu sein, deren Brut oder Frucht bei fast allen Mitbewohnern ihres

Im Frühjahr wirft der Bambus einen Teil des Laubes ab, das ergibt eine gute Streu, die die Wurzeln schützt.

Schilfrohre sind keine Bambusse, denn es fehlen ihnen die Seitentriebe und die Mehrjährigkeit.

Phyllostachys nigra: Die jungen Halme sind noch olivgrün, doch ausgereift färben sich die Halme glänzend tiefschwarz.

Lebensraumes hochbeliebt ist.
Wer verzehrt Bambussamen? Es sind Wildtiere und Vieh aller Art und vor allem der Mensch. Speziell Bambussaat ist nahrhafter als Reis oder Weizen. Die angelockten Fresser leben zwar wie im Schlaraffenland, können aber das Überangebot unmöglich auf einmal bewältigen. Sie müssen wieder abziehen und ihre Population reduzieren.
In den Gärten Mitteleuropas sieht man recht häufig die Gattung *Phyllostachys*. Von den anderen Arten unterscheidet sie sich durch die an einer Seite deutlich abgeflachten Stämme, daher auch der Name Flachrohr-Bambus. Viele breiten sich durch Ausläuferbildung stark aus. Auch bei uns können starkwachsende Sorten in geschützten Lagen bis zu zehn Meter Höhe und Stammdurchmesser von sechs Zentimeter erreichen. Beachtenswert ist die Wachstumsgeschwindigkeit. Im Botanischen Garten von Hamburg wurden in 24 Stunden 42 Zentimeter gemessen. Will man starke und hohe Rohre, so müssen Wasser und Dünger im Sommer in ausreichendem Maße zur Verfügung stehen. Eine Winterabdeckung tut vor allem den noch jungen Pflanzen gut. Allerdings wer Bambus pflanzt, muss Geduld haben. Die langersehnten starken Stämme wachsen erst nach zehn bis fünfzehn Jahren.

Für gewöhnlich freut man sich über blühende Pflanzen, doch ein blühender Bambus erweckt Bedenken.

Auch der Große Panda wurde von Armand David entdeckt. Als Nahrungsspezialist ist er durch eine Veränderung der Umwelt besonders bedroht.

Lachs, *Salmo salar*: Bei der Vermehrung zeigen Bambus und Lachs eine überraschende Gemeinsamkeit.

Wie bei allen einkeimblättrigen Pflanzen sind die Bambusblätter parallelnervig.

Die Hanfpalme

Man braucht nur das Wort Palme auszusprechen und sofort entsteht in der Vorstellung eines jeden eine schlanke, unverzweigte, hohe Pflanzengestalt mit biegsamem Stamm und einem Büschel von gefiederten oder gefächerten Blättern an der Spitze. Unter den Pflanzen ist sie die Königin. Um das Ansehen zu steigern, werden manche Pflanzen als Palmen bezeichnet, obwohl sie wirklich keine sind, zum Beispiel die Stechpalme, die Metzgerpalme oder die Palmweide.
Palmwedel in der Hand sind das richtige Instrument, um das Winken und Jubeln des Volkes sichtbar zu machen, wenn der König im Morgenland in die Stadt einzieht, der Tag, an dem das geschieht, ist der Palmsonntag.

Heinrich Heine lässt in seinem Gedicht „Sehnen" einen Fichtenbaum träumen. Er träumt von einer Palme, die fern im Morgenland, einsam und schweigend trauert, auf brennender Felsenwand. Der unbekannte Dichter des Gedichtes „Anke von Tharau" beteuert seine Liebe durch einen Vergleich mit der Palme: Recht als ein Palmbaum über sich steigt, je mehr ihn Hagel und Regen angreift.
Trotz ihrer Schönheit ist der Bauplan der Palmen mit einem Makel behaftet. Das ganze vegetative Wachstum, Höhenwachstum und Blattbildung, hängt für gewöhnlich von einer einzigen, oft kopfgroßen Endknospe ab. Seitenknospen werden erst bei der Geschlechtsreife gebildet, aus ihnen entstehen dann

Oben: Ein Hanfpalmenpaar ragt in den blauen Himmel der Hallertau (Firma Flora Mediteranea).

Thronsaal von Schloss Neuschwanstein: Die Palme als königliche Pflanze ist ein wichtiges Stilmittel für die Ausschmückung des Raumes.

Fuß einer Hanfpalme: Je größer eine Palme wird, desto mehr bilden sich Seitenwurzeln und sorgen für Ernährung und Standfestigkeit des Palmbaumes.

Links: Weiblicher Blütenstand der Hanfpalme.

Blüten oder Früchte. Deshalb schützt die Palme die Endknospe oft durch Stacheln und ein dichtes Netz aus Fasern.

Mit der Yucca-Lilie und dem Bambus gehört sie zu den einkeimblättrigen Pflanzen. Wie alle Mitglieder dieser Klasse sind die Blätter parallelnervig. Die Gefäßbündel finden sich in der ganzen Dicke des Stammes. Ein äußerer Kambiumring fehlt, deshalb ist ein Dickenwachstum nicht möglich. Der junge Trieb kommt bereits in der Dicke aus dem Boden, den er sein Leben lang beibehalten wird.

Die Palmblätter haben einen kräftigen Stiel, der an der Basis holzig und ausdauernd ist. Fällt das Blatt ab, so bleibt ein Stumpf am Stamm zurück, so dass die charakteristische „Rindenstruktur“ entsteht. Es bilden sich Auswüchse und Einkerbungen, die sich spiralig um den Stamm winden. Eingeborene benützen diese Stümpfe als Leiter, um an die Früchte zu kommen.

Hanfpalmen am Ufer des Luganer Sees. Auch in den wärmeren Gebieten Deutschlands kann sie im Freien überwintern. Ihr Feind ist weniger die Kälte als die Nässe, die die Endknospe faulen lässt.

Die meisten Palmen sind tropische Pflanzen. Nur wenige können etwas Frost ertragen. Am robustesten ist die Hanfpalme, *Trachycarpus fortunei.* Im milden Weinbauklima kann sie einige Winter überleben. Ihre Heimat ist das südöstliche Asien von Burma bis Japan. Aber sie wächst auch noch im Himalaja in einer Höhe von 2.400 Metern, wo von November bis März Schnee liegt. Angepflanzt findet man sie häufig im Tessin und an der Südwestküste von England. Auch in Irland gedeiht sie im Freien (Klimazone 8 und 9).
Immer häufiger entdeckt man wild wachsende Exemplare an den Berghängen rings um die oberitalienischen Seen. Sie haben sich selbst ausgesamt und stammen ab von den Palmen der Villen und Uferpromenaden. Einige dieser Wildpflanzen sind schon dreißig Jahre alt.

Es sind hochwachsende Palmen mit einem dichten Faserwerk, das vor allem oben den Stamm einhüllt. Aus den Fasern werden Seile und Matten angefertigt, daher der Name Hanfpalme. Die gefächerten Blätter zeigen unterseits einen silbrigen Schimmer. Die Hanfpalme ist zweihäusig. Die weiblichen Bäume tragen an herabgebogenen, 30 - 60 Zentimeter langen Rispen büschelweise gelbe Blüten. Um die blauschwarzen, bohnenförmigen Beeren zu bekommen, braucht man den entsprechenden Partner, der gleichzeitig blüht. Der Gattungsname weist auf die Früchte hin (gr. trachos = rauh, karpos = Frucht).

Zwei Hanfpalmen als Kübelpflanzen: Hanfpalmen sind echte Grenzgänger. Als Topfpflanzen kommen sie Ende November ins Glashaus. Doch auch im Freien ausgepflanzt können sie einen milden Winter überstehen.

Phoenix canariensis auf der Insel Mainau. Die Palmen werden im Winter durch ein mobiles Glashaus geschützt.

Links: Die Kanarendattelpalme wächst ebenmäßiger als die Gewöhnliche Dattelpalme, der „Brotbaum“ der Oasen.

Die Palmlilie

Oben: *Yucca filamentosa*, im Gegenlicht sieht man, dass die Fadentragende Palmlilie ihren Namen zu Recht trägt.

Unten und rechts oben: *Yucca aloifolia*, sie war eine beliebte Kübelpflanze des 19. Jahrhunderts. Man erkennt sie an den spitzen, dolchartigen Blättern.

Yucca elephantibes mit Blütenstand, Kübelpflanze auf der Insel Mainau.

Trotz ihres Namens ist die Palmlilie weder eine Palme noch eine Lilie, sondern ein Mitglied der Familie *Agavaceae*. Aus einem Bündel kräftiger, spitzer Blätter erhebt sich ein großer Blütenstand aus weißen, glockenförmigen Blüten. Ihre Bestäubung gehört zu den eigenartigsten Vorgängen im Pflanzenbereich. Die Yucca-Motte legt zuerst ihre Eier in den Fruchtknoten von mehreren Blüten. Sodann sorgt sie für die Befruchtung. Sie sammelt die Pollen, knetet sie zu Kugeln und schiebt sie mit aller Sorgfalt in die Narbenfurchen. Nach acht Tagen schlüpfen die Räupchen, sie verzehren aber nur einen Teil der Samen, der Rest bleibt unberührt.

Ohne diese Motte findet keine Bestäubung statt, dehalb findet man außerhalb ihrer Heimat, dem südlichen Nordamerika, nie reifen Samen. Viele kurzstämmige Arten der Palmlilie, wie zum Beispiel die Fadentragende Palmlilie, *Yucca filamentosa,* können bei uns im Freiland gezogen werden. Sie halten auch strenge Winter

Unten: *Yucca filamentosa*: Die stammlose Palmlilie an der Promenade von Lugano. Doch auch nördlich der Alpen ist sie frosthart.

Yucca elephantibes: Der Stamm baut sich aus den Blattansätzen auf.

aus. Wichtig ist nur, dass der Untergrund trocken, sandig und frei von Staunässe ist.

Ihre Blattrosetten werden selten über einen Meter hoch, doch ihre Blütenstände erreichen leicht zwei Meter Höhe und bilden dann einen unübersehbaren Blickfang. Nach der Blüte stirbt die Mutterpflanze ab, dafür bilden sich viele Wurzelkindel, die man abtrennt und einzeln neu setzt.

Eine beliebte Kübelpflanze ist seit alters her *Yucca aloifolia* mit den harten, dolchartigen Blättern. Es gibt sie in mehreren, auch farbig gestreiften Sorten. Sie war eine Modepflanze des 19. Jahrhunderts. Häufig wurde sie zur Dekoration von Kirchenräumen eingesetzt. In neuerer Zeit sieht man immer häufiger *Yucca elephantipes* mit den relativ weichen Blättern. Sie wird im großen Umfang in Guatemala angebaut. Die Stämme werden in verschiedenen Längen nach Europa gebracht und von Spezialgärtnereien bewurzelt.

Yucca elephantibes in der Wallfahrtskirche Maria Steinbach. Wegen ihrer weichen Blätter eignet sie sich nicht nur für Kirchenräume, sondern auch für Wohnräume.

Die Agave

Eine unserer ältesten Kübelpflanzen ist die Agave. Schon bald nach der Entdeckung Amerikas erweckten die bizarren Pflanzen das Interesse der Europäer. 1590 wird sie bereits in dem berühmten Garten des Camerarius in Nürnberg kultiviert. Doch es dauerte eine Reihe von Jahren, bis aus diesen Pflanzen die ersten, oft sieben Meter hohen Blütenschäfte erschienen. Dies war jedesmal für die Menschen der damaligen Zeit ein besonderes Erlebnis, das immer wieder schriftlich und bildlich festgehalten wurde. Für eine 1770 in Leipzig blühende Agave wurde sogar eine Gedenkmünze geprägt. Jede Pflanze blüht nur einmal und stirbt dann. Auch diese Tatsache erstaunte die Menschen ihrer Zeit.

Mauern, Säulen und Pfeiler sind der ideale Platz. Aber Achtung vor den nadelspitzen Blattenden! Vor dem Transport empfiehlt es sich auf jeden Endstachel einen Korken oder ein Stück Holundermark zu stecken. Im Mittelmeerraum ist die Agave eingebürgert. Es dauert dort etwa achtzehn Jahre, bis sie zum Blühen kommt.

Die amerikanische Agave wird irrtümlicherweise als „Hundertjährige Aloe" bezeichnet. Man kann aber diese Verwechslung ausschließen, wenn man die Blätter genau betrachtet. Auf denen bei der Agave kann man Abdrücke sehen, die vom Zusammengepresstsein in der Knospe herrühren.

In ihrer Heimat spielen die verschiedenen Arten der Agave eine große Rolle. Man gewinnt aus ihnen Sisalfasern für Säcke und Matten. Aus den Blättern blühender Agaven gewinnen die Mexikaner den Agavendicksaft. Er zeichnet sich durch einen hohen Zuckergehalt aus. Bereits die Azteken verwendeten ihn zum Süßen von Speisen aller Art. Kommt der Agavensaft zur alkoholischen Gärung, entsteht der Agavenwein, der sogenannte Pulque. Daraus kann man wieder einen Schnaps brennen, Tequilla genannt.

Oben: *Agave americana* in ihrer Heimat Mexico, im Hintergrund ein Feigenkaktus.

Unten: Gelbgrün gestreifte Agavenart. In der Natur bringen die chlorophyllarmen Streifen Nachteile, doch der Mensch bevorzugt solche Auffälligkeiten.

Kleine Agave, die, gut in Streu eingepackt, im milden Klima überwintert hat.

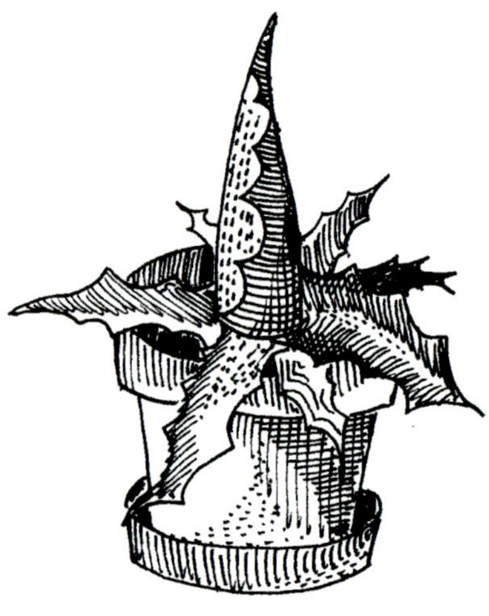

Links: Agaven in Kübeln brauchen ein Postament.

Die Hauswurz

Die Hauswurz, *Sempervivum,* ist dem Aussehen nach die kleine einheimische Schwester der exotischen Agave. Wenn sie blüht, erhebt sich aus der Mitte der Rosette ein langer Stiel mit länglichen Blättern, der an der Spitze eine breite Dolde mit rosafarbenen Blüten trägt. Meist aber vermehrt sie sich ungeschlechtlich. Unter den Rosetten sieht man lange Wurzelsprosse, an deren Ende andere, kleinere Rosetten wachsen, die sich später ablösen und neue Pflanzen bilden.

Als es noch keine Blitzableiter gab, sollte eine auf dem Dach des Hauses wachsende Hauswurz vor dem Blitz schützen. Der Glauben an die Kraft der Hauswurz war so allgemein, dass Karl der Große empfahl, die immergrünen Rosetten auf den Dächern der Häuser anzupflanzen. Im Italienischen heißt sie heute noch Gardacasa, zu deutsch Hauswächter.

Die Hauswurzarten sind typische Hochgebirgspflanzen. Deshalb kommen sie auch auf den nicht einladenden Mauern und Hausdächern zurecht. Bekannt sind über vierzig Arten. In unseren Gärten gibt es deshalb ein kaum zu entwirrendes Durcheinander von Wild- und Kultursorten und Hybriden. Um etwas Ordnung zu schaffen, unterscheidet man sie in solche mit grünen, rotbraunen und behaarten Rosetten.

Oben: Karl der Große: Standbild in der Kirche von Müstar aus dem 10. Jahrhundert (Schweiz). In seinen Anweisungen für die Gärten der Kaiserpfalzen wird auch die Hauswurz erwähnt.

Rechts: *Sempervivum archnoideum*: Die Spinnwebenhauswurz hat spinnenförmige Haare an den Rosetten und blüht rosafarben. Im Gebirge besiedelt sie Felsen und Geröll.

Die Rotbraune Hauswurz aus der Froschperspektive betrachtet. Es dauert etwa zwei bis drei Jahre, bis die Rosetten zum Blühen kommen.

Hauswurzsortiment im Gartencenter: Die unendlichen Variationen eines Prinzips wecken den Sammeltrieb der Käufer.

Die Flechten

Gelbe Schuppenflechte mit *Primula hirsuta.*

Unter den niederen Pflanzen haben die Flechten seit jeher die Aufmerksamkeit der Menschen erregt. Es gibt sie in allen Farben, Rot, Orange, Schwärzlich, Gelb, Grünblau, Weiß, Grau, Silbern und so weiter. Nach der Gestalt kann man sie in vier Gruppen einteilen: Büschelartige, Blättrige, Krustige und Schuppenartige.

Erst unter dem Mikroskop geben sie ihr Geheimnis preis. Flechten sind keine autonomen Pflanzen, sondern das Produkt einer Symbiose. Es ist eine enorm erfolgreiche Partnerschaft, denn es gibt auf der Welt etwa 15.000 Arten in allen Klimazonen. Flechten sind Pionierpflanzen, sie besiedeln extreme Standorte wie Felsen im Hochgebirge, Baumrinden,

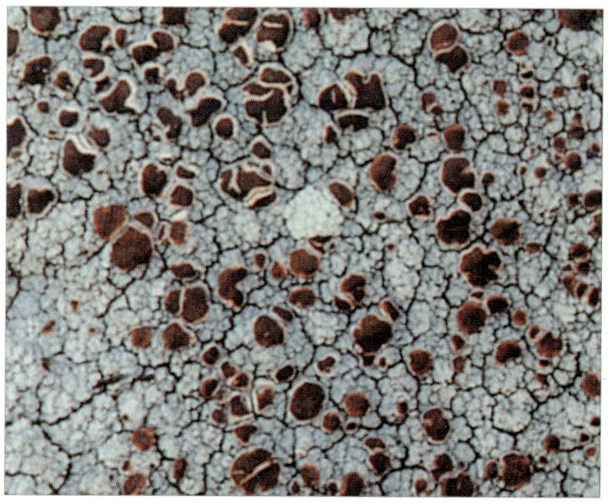

Rechts oben: Flechten im Gebirge mit der Behaarten Primel, *Primula hirsuta.*

Rechts Mitte oben: Blattflechte an einem Apfelbaum.

Rechts Mitte unten: Die Bartflechte wächst besonders an Stämmen und Zweigen der Nadelbäume in den Nebelregionen unserer Bergwälder.

Barockfigur im Schlossgarten von Lautrach im Allgäu: Flechten überziehen den roten Sandstein aus dem Spessart.

Eine Lebensgemeinschaft von verschiedenen Flechten.

Rechts unten: Stamm einer Platane, der von einem grünen Schimmer aus Algen und Flechten überzogen ist.

Mitte oben: Blaue Kuchenflechte, eine alpine und arktische Art jenseits der Waldgrenze.

Mitte unten: Die Landkartenflechte bildet interessante Muster.

Hausdächer, die Gletscher der Antarktis, die Böden der Tundra und zum Leidwesen der Denkmalschützer auch die Sandsteinquader der mittelalterlichen Dome. Obwohl sie blütenlos sind, nehmen sie es an Farbigkeit mit vielen anderen Pflanzen auf, das wird jeder bestätigen, der schon einmal an einem sonnigen Tag die norwegische Gletscherwelt durchwandert hat. Dort an der Grenze zwischen Fels und Eis überziehen Flechten in buntester Farbigkeit die Urgesteine. Flechten sind auch Anzeiger für gute Luft. In Industriegebieten mit starker Umweltverschmutzung gibt es sie nicht.

Unter Symbiose versteht man die Partnerschaft zweier Lebewesen zum gegenseitigen Vorteil. Als Schulbeispiel für eine Symbiose gilt das Zusammenleben von Einsiedlerkrebs und Seerose. Der Krebs ernährt die Seerose durch seine Speiseabfälle, dafür schützt sie ihn durch ihre giftigen Tentakeln. Doch beide bleiben eigenständige Individuen.

Bei der Flechte ist die Partnerschaft noch enger. Jede Flechte besteht aus einem Pilz und einer Alge. Der Pilz umhüllt die Algen, schützt sie und versorgt sie mit Wasser und Mineralien. Dafür liefert die Grünalge organische Stoffe an den Pilz. Benannt werden die Flechten nach dem Pilz. Im Labor lassen sich die Flechtenpilze auch ohne den Algenpartner kultivieren, doch im Freiland sind sie nie ohne ihn anzutreffen. Die Algen hingegen haben ihre Unabhängigkeit bewahrt. Sie können in der Natur auch solo leben.

Rechts oben: Auf dem Permafrostboden können Gräser und Sträucher mit tieferem Wurzelwerk nur schlecht gedeihen. Deshalb ist die Rentierflechte eine wichtige Grundlage der Ernährung für Rentiere und Karibus.

Flechten geben Feldkreuzen und Bildstöcken die Patina. Durch ihr kontinuierliches Wachstum sind Flechten auch Zeitmesser. An dem Durchmesser stellen die Forscher fest, wie lange der Stein Licht, Luft und Wasser ausgesetzt war.

Apfelbaum mit Astwunde und Flechten.

Eine wirtschaftliche Bedeutung hat die Rentierflechte, *Cladonia rangiferina*. Die blaugrauen Büschel wachsen auf den feuchten Tundren der Arktis. Es gibt auch essbare Flechten. Nach der Bibel soll das ganze Volk Israel vom Hungertod errettet worden sein. Vermutlich waren das „Manna in der Wüste" die ungeschlechtlichen Fortpflanzungsorgane einer Flechtenart der Sinaiwüste.

Richtige Gartenpflanzen sind Flechten natürlich nicht. Das grün bunt gemusterte Kleid, das alte Mauern und Steine überzieht, kann man nicht im Gartenzentrum kaufen. Doch man kann die natürliche Ansiedlung unterstützen. Eine Methode ist folgende: Man streicht die neu gesetzten Steine mit Joghurt ein. Die Zersetzungsprodukte bilden dann eine ideale Nahrung für Flechtenkeime.

Ulmer Münster: Flechten besiedeln extreme Standorte, zum Leidwesen der Denkmalschützer auch die Sandsteinquader der gotischen Kathedralen.

Flechten überraschen nicht nur mit ihren Farben, sondern auch durch ihre Formen. Grafik aus „Kunstformen der Natur" von Ernst Haeckel.

Die Moose

Moose gehören zu den sogenannten primitiven Pflanzen ohne Blüten. Trotzdem ist ihre Vermehrung erstaunlich kompliziert durch Bildung von Vorkeimen, Generationswechsel sowie geschlechtliche und ungeschlechtliche Fortpflanzung. Zu bestimmten Entwicklungsphasen bilden sich männliche, bewimperte Samenzellen, die schwimmend die weiblichen Eizellen erreichen. Obwohl die Moose Landbewohner sind, ist ihre Befruchtung doch an die Gegenwart von Wasser gebunden, wobei allerdings einige Regentropfen genügen. Die Verbreitung erfolgt nicht durch Samen, sondern durch Sporen. Während im Samen die Keimpflanze schon komplett vorgebildet ist, sie braucht sich nur noch durch Wasseraufnahme zu entfalten, sind Sporen nur primitive Pflanzenkeime.

Die Aufnahme des Wassers durch die Blättchen spielt bei den Moosen eine viel größere Rolle als bei den höheren Pflanzen. Stellt man welke Moospflänzchen mit dem Würzelchen ins Wasser, so erholen sie sich kaum. Legt man sie dagegen zur Gänze ins Wasser, werden sie schnell wieder frisch, ein Beweis dafür, dass die Wasseraufnahme hauptsächlich durch die Blätter erfolgt.

Oben: Auf Felsen und Mauern mit kalkiger Substanz wächst das Mauerbartmoos, *Barbula muralis.*

Das Mauerbartmoos, *Barbula muralis,* ist jenes Moos, das wir oft an Mauern und überall dort, wo es kalkhaltigen Boden gibt, entdecken können. Sein Name deutet an, dass es wie ein kleiner Bart aussieht. Seine bis zu ein Zentimeter hohen Stiele bilden grünliche Büschel oder Kissen, die in einer trockenen Umgebung eine graue Farbe annehmen.

Die Transportbahnen in den Stämmchen sind noch wenig leistungsfähig. Das Wasser wandert durch Osmose von Zelle zu Nachbarzelle. Ihre Höhe läßt sich meist mit wenigen Zentimetern messen. Sie sind noch keine richtigen Gefäßpflanzen. Man kann sagen, dass der bei den Farnen gelungene Versuch vom Wasser- zum Landleben überzugehen, bei den Moosen nur unvollkommen gelungen ist.

Moose sind Himmelsrichtungsanzeiger. In der Regel gedeihen sie am besten auf der Westseite von Bäumen, da in unseren Beiten vor allem die Westwinde die Niederschläge bringen. In unseren Gärten wächst das Moos meist zwischen den Gräsern im Schatten von Bäumen und auf der Nordseite von Häusern. Die Anhänger eines Golfrasens sind seine ärgsten Feinde. Mit Hacken, Vertikutieren, Düngen und Spritzen gehen sie ihm zu Leibe.

Eschenallee: Moose wachsen bei Bäumen vornehmlich auf der feuchten Westseite.

Register der Pflanzennamen

Literaturverzeichnis

BÄUME von Roger Phillips, Kosmos Verlag, 1998
BLUMEN UND PFLANZEN LEXIKON, Corvus Verlag, 1996
DAS BUCH DER BLÜTENGEHÖLZE von Alfred Fessler, DLG Verlag, 1963
DAS GROSSE BUCH DER BÄUME von Hugh Johnson, Hallwag Verlag, 1974
DAS GROSSE BUCH DER ZIERGEHÖLZE von Andreas Bärtels, Ulmer Verlag, 1995
DAS GROSSE ILLUSTRIERTE PFLANZENBUCH, Verlag für Wissen und Bildung, 1974
DER IMMERGRÜNE GARTEN von Ilse Jaehner, Bertelsmann Verlag, 1969
KÜBELPFLANZEN von Fritz Enke, Bechtermünz Verlag, 1997
KÜBELPFLANZEN von Wolfgang Kawollek, Ulmer Verlag
PFLANZENENZYKLOPÄDIE, Dumont Verlag, 1998
PFLANZEN EUROPAS von Oleg Poluin, BLV Verlag, 1971
PFLANZENSCHÄTZE DER MAINAU von Josef Raff, Verlag Blumeninsel Mainau, 1997
PFLANZENWAHL FÜR SCHÖNE GÄRTEN von Hans Schiller, Parey Verlag, 1967
SORTIMENTSKATALOG 1996/97 von Joh. Bruns, Bad Zwischenahr
WO PFLANZE ICH WAS? von Roy Lancaster, Dumont Verlag, 1996

Bildnachweis

A. BAUER: Seite 7 unten, 12 oben, 15 oben, 17 rechts, 18 rechts, 20 links, 21 unten
R. MAYER: Alle übrigen Fotos und Grafiken